ツイン・エネルギー™

静と動のバランスを整える
16の考え方

関 京子
Kyoko Seki

幻冬舎MC

ツイン・エネルギー™

静と動のバランスを整える16の考え方

はじめに

この本を執筆している２０２1年2月。世の中は新型コロナウイルスの影響を受け、私が住む東京では、緊急事態宣言の下、様々な活動が制限されています。この1年を振り返ると、私たちの多くは、いろいろな痛みを体験してきました。ウイルスによって大切な誰かを失った方々。緊迫した状況で奮闘されている医療従事者の皆さま。仕事を失い、先が見えない不安を抱える方々。私たちの痛みは、まだまだあげればきりがありません。今も苦しい体験をされていらっしゃる方々に、少しでも希望の兆しが見えてくることを願ってやみません。

私たちは、こうした痛みを伴いつつも、新しい生き方を促されてきたようにも思います。

数年前には考えも及ばなかったことですが、オンライン化が進み、会えなくても人と話し、仕事をし、対話ができるようになりました。それは距離を問わず、海外の人とも一瞬でつながれるようになったのです。また、YouTubeを始めとし、様々なSNSの媒体が増え、誰でもが好きなことを多くの人に発信できるようになりました。このことによって、専門家が限られた人々に情報を伝える時代から、誰でも発信して伝え、誰でも情報を受け取り、自由に学んで刺激を受けることが可能になったのです。どの仕事においても新しいやり方が必要となり、これまで存在しなかった仕事も生み出されました。こうした新しい流れ・変化のスピードは目覚ましく、これからも、今までにないアイデアがどんどん生まれていくのではないかと感じています。

この本に託した思い。それは、この激変の時代において、自分らしいあり方、生き方、働き方を見つける人を少しでも支援したいという願いです。こうした変化の時、どうしたらその変化に追いついていけるのかと、私たちは兎角、自分の外側にあふれる情報に答えを求めがちになります。本書は、自分の内面に頼れるリソースが豊かにあることに気づき、それを活用するためのガイドブックです。変化に伴う痛みに苦しむ時、その自分とどう向き合ったらよいのか。自分でも変えたい働き方をしているのであれば、何をどう手放したらよいのか。新たなことを生み出したいと思っているのに恐怖で前に進めないのであれば、どう克服したらよいのか。私たちの中には、こうした問いに答え、導いてくれるコーチ、コンサルタント、アドバイザー、メンター、親友、お父さん、お母さんのような存在がいます。それが、誰しもの中にある女性性と男性性のツイン・エネルギーというリソースです。私たちが、自分の中にあるツイン・エネルギーを思い出し、そのバランスを整えることで、必要な答えが見つかったり、望んでいた変容が起こる可能性をご紹介したいと思っています。

これから、どのようにしてこのツイン・エネルギーの情報をまとめるに至ったのか、私自身の物語とともにお話しさせてください。読者の皆さんに本書の内容が少しでも役立つこと、そして、新しい時代を生きる上で、自分らしい生き方・働き方を見いだしていかれることを祈っています。

目次

Contents

ツイン・エネルギー⑥ 内省する・前進する

ツイン・エネルギー⑦ ゆだねる・責任を果たす

ツイン・エネルギー⑧ 循環を尊重する・拡大に価値をおく

見えないものと形あるもの

ツイン・エネルギー⑨ 傾聴する・表現する

ツイン・エネルギー⑩ 直感的に感じとる・論理的に考える

ツイン・エネルギー⑪ エネルギーを読みとる・事実を捉える

ツイン・エネルギー⑫ ポテンシャルを見いだす・実現する

イラスト　上田みゆき

ツイン・エネルギー16の成り立ち

私の物語

昔から私は「がんばり屋」と言われていました。がんばれば結果がでることを信じ、学校で与えられた課題、部活動、そして習いごとには、いつも一生懸命取り組む子供でした。大人になってからも「がんばる私」は健在で、自分としてこれ以上ないと思うまで考え抜き、できた書類をお客さんや上司に手渡すことを美徳としていました。たとえ徹夜になったとしてもベストを尽くすこと――それが私の仕事の流儀だったのです。そのおかげか、自分でいうのもはばかられますが、仕事ではどこにいっても高い評価を受けることが多く、次第に私は、どんなことでもがんばればそれ相応の結果は必ずだせるものだ、と高をくくるようになっていったのです。がんばってベストを尽くすことは、決して悪いことではありません。むしろ良いことだと思います。しかし今から考えると、私のがんばりの奥には恐れがあったように思います。本当は私には力がない、だからがんばってカバーしないと、誰にも受け入れてもらえない。そんな恐れから、時には限度を超えて自分に鞭をうつことがしばしばあったのです。そう思い込むようになってしまったのも、小さい頃の私の生い立ちにあるように思います。勉強をしなくても成績優秀だった兄と比べ、がんばってなんとか平均点を出せるのが私でした。だからがんばらないと親に受け入れてもらえない、自分が自分を受け入れられない。そう無意識に思い、いつでもどこでもひたすら私はがんばっていたのです。もちろん当時は、そんな思い込みを知る由もありませんでした。

そんなある日、私はこれまでのやり方を完全に手放さなければならない出来事に遭遇します。その日、いつものように会社でパソコンに向かっていると、これまで体験したことのない息苦しさを感じたのです。指に力が入らず、突然キーボードが打てなくなりました。身体に力が入らないことにも気づきます。何度か深呼吸をしてみますが、良くなるどころか、息苦しい感覚がどんどん増し、もう仕事どころではありません。その後のことはよく覚えていませんが、なんとかタクシーに乗って自宅に辿り着き、床に倒れ込んだことを覚えています。怖い！　何が起こってしまったんだろう！　そう思いながら、なんとかその夜をしのぎました。翌朝、少し落ち着いた私は、上司に連絡し、「肺に穴があいてしまったので病院に行こうと思います。すぐに復帰するので少しお休みをください」と伝えます。その後大学病院に行った私は、医師から驚きの言葉を受け取るのです。「きれいな肺ですよ。全く問題ありません。ここではなく心療内科で診てもらってください」。レントゲン写真を見ながら、そう医師は私に言い放ったのです。

今から考えると、私はこの出来事に感謝をしています。なぜなら、この日を境に、私の第二の人生が始まるからです。東洋医学に精通していた新たな担当医は、すぐに私の性格を見破りました。「あなたはがんばり屋だからね。仕事は半分に減らしてください。一番大事なことは、いい加減になることです。何事も、適当に、ほどほどにやってみてください」と、そう言ったのです。いい加減、ほどほど、適当――どれも私にとって違和感のある言葉でしたが、お医者さんの言うことならば仕方がありません。何より、私の身体は本調子ではなかったので、仕事も何もかも、ほどほどにやらざるを得なかったのです。それから1年ほどかけて、ゆっくりと、これまでの自分のやり方を手放してゆくことになります。正直、先が見えず、これから自分はどうなっていくんだろう、その言葉がいつも心の中でこだまし、とても不安でした。そして、とてつもなく大きな渦の中にいる自分を感じながらも、どうしていいかわからず、ただただ日常をやり過ごすしかなかったのです。

そんなある日、私は人生で忘れられない日を迎えます。コーチングに出逢ったのです。時は2000年。まだコーチングが日本でほとんど知られていなかった頃、ある日突然コーチングを学んでみてはどうかと、大切なお客さんから勧められたのです。身体も完治していなかったこともあり、やんわりとその誘いを断りました。けれども、「あなたに合っていると思う。今の仕事よりもずっと」と言って、断っても、断っても何度もやってきては、根気強く勧めてくるのです。根負けした私は、数か月後、彼女が勧めるコーチングを学ぶ場に行ってみることにします。するとそこで私は、衝撃の体験をするのです。それはまるで、長年追い求めていた故郷にやっと戻ってきたような感覚でした。今から思うと、コーチングが素晴らしかったのはもちろんですが、その手法を通じて、自分という存在に出逢えたことが嬉しかったのだと思います。それまでの私は、何か困ったことがあった時、答えは自分の外側にある、誰かが私を導いてくれる、そう思い込んでいたので、自分が何を感じ、何を欲しているのか、本当の意味で奥深く考えたことがなかったのかもしれません。コーチングとの出逢いは、その根底を覆す体験だったといえます。コーチングの基本的な考え方は、「答えは自分の中にある」です。この考え方を知った私は、当時、どれだけ力づけられたことでしょう。その後の私は、言うまでもなくコーチングを学ぶことに没頭しました。ご縁もいただき、ほどなくコーチングを教えることになってゆきます。ふと気がつくと、具合の悪かった自分がいたなんて記憶にないくらい、すっかり体調も良くなっていました。そして、がんばりすぎることが、どれだけ心身ともに自分を痛めつけることなのか、身に染みて学んだのです。

こうして、半ば強制的に「がんばる私」を手放すことになった私は、その後、逆の自分を磨いてゆくことになります。それは、前に進もうとするのではなく、今ここにいる自分。何かをやり遂げたから良しとするのではなく、何もしなかったとしても満ち足りている自分。外側に答えを見つけるのではなく、内側に答えを感じ取ろうとする自分。このもう1人の自分磨きは、私にとって時に難しくもありました。なぜなら、おかしなことですが、気を抜くとすぐに、がんばってなんとかする自分がでてくるのです。ですが、次第に慣れてくると、もう1人の自分も自然になり、平凡な日常の中に穏やかさと歓びを感じるようになっていったのです。奇しくも、コーチングを実践し、教えることが、このもう1人の自分磨きを強く後押ししてくれました。なぜなら、コーチングは、私に足りなかったもう1人の自分磨きを大切にし、2つの面から人の成長を支援していたからです。そうやって人を支援するのであれば、偏っていた自分から、バランスのよい自分へとシフトすることは必須でした。

対という考え方

ここで、コーチングが伝える2つの面について、少し触れておきましょう。コーチングで伝える2つの大切なコンセプト。それは、BeingとDoing（Becomingとも言います）です。Beingは、静のエネルギーを指し、人の心の状態やあり方を意味します。兎角私たちは、何をするか、という軸で物事を考えがちですが、その前に、どんな自分でありたいか、といった問いを考え、自分の心の状態やあり方を整えることは大事なことです。それこそが、このBeingを磨くことです。一方、Doingは動のエネルギー、つまり行動を意味します。最初の一歩を踏み出し、物事を前に進め、実現することがこれにあたります。私たちは誰しも、どちらか一方に偏りがちですが、この2つが得も言われぬバランスをもった時、人の成長は自然に起こってゆきます。お分かりの通り、Doingに偏っていた私は、自分のBeingを磨くことで、本来の自分を取り戻していったのです。この2つのコンセプトを活用しながら、コーチングを実践することは、とても効果がありました。私のように行動して前に進むことに躍起になっていた人が、心の状態やあり方を磨いてバランスを取り戻すと、穏やかさ、心の安定、自信、やる気が高まり、その後の行動をより一層力強く確かなものにすることを、クライアントの方々が次から次へと見せてくれたのです。逆に、力があるのに前に進むことに恐れや躊躇のあるクライアントの方々が、バランスを取り戻し、勇気をもって行動を起こすことで、本人もびっくりするほど大きく飛躍していったのです。私は、毎回、その変化に触れることで、感動と嬉しさを感じていました。そして確信したのです。やはり、2つのバランスは、人の成長と変容の鍵になるのだと。

その後、私はBeingとDoingのみならず、2つの対からなるコンセプトは、様々な領域に存在することに気づきます。たとえば、私たちの脳機能です。私たちには右脳と左脳があり、まぎれもなくその両方が必要です。一般的に、右脳は創造的・芸術的・直感的な脳と言われ、左脳は分析的・合理的・論理的な脳であると言われているようです（1）。また、空間認知は右脳優位で、言語は左脳優位とも言われています（2）。想像を豊かにしてみると、こうした右脳・左脳の対は、先に述べていたBeingとDoingの対と、少なからず接点があるようにも感じました。Beingという非常に言葉になりにくい心の状態・あり方をとらえるためには、右脳優位の直感的なアプローチが必要です。また、Doing（行動する）を推し進める時、左脳優位の言語や論理の活用が助けになるのです。奇しくも、脳の専門家は、人を左脳型・右脳型と分類するよりも、大切なのは、両者のバランスを鍛え、その相乗効果を高めることだと伝えています（3）。こうした専門家の言葉に触れる度に、対をバラバラにとらえるのではなく、双方の補完関係に着目して高めていくことの大切さを、私は感じていきました。

更に、2つの対からなるコンセプトは、古くからの智慧として伝えられていることも学びます。例えば、陰陽論がその1つです。ウィキペディアによると、陰陽論は、中国の思想に端を発したもので、受動的な性質である「陰」と能動的な性質である「陽」の対を表しています。これらは相反しつつも、一方がなければもう一方も存在し得ないとのこと。そして森羅万象のあらゆる物は、この陰と陽の二気によって消長盛衰し、この二気が調和して初めて自然の秩序が保たれる、ということです。この「自然の秩序が保たれる」という言葉に私はピンときました。なるほど、自分が実践を通じて学んできたことは、陰陽の調和を通じて「人の中にある自然の秩序を保つこと」だったのかもしれない、そう思ったのです。古くから伝えられている思想とつながりを感じられたことは、大きな励みになりました。更には、マヤ文明の古い智慧にも、この対の考え方があることを学びます。エハマ研究所の創設者であるウィンドイーグルとは、2008年に出逢い、以降、私のメンター・親しい友人として親交を深めてきました。彼女から、マヤ文明では、私たちの内側にある女性性と男性性の静と動のエネルギーを、自然を含むあらゆる生命の根源的な2つの性質と捉えていることを学んだのです。

こうした智慧にふれたことは、私にとってとても貴重な体験でした。なぜなら、これまで実践から学んできたことの本質を理解できたような気持ちになったからです。そして、私は、数ある対という考え方を自分なりに統合する中で、女性性と男性性という名前に最も惹かれました。なぜなら、対という性質を深く学ぶうちに、私は、2つはまるで自分を見守る母性と父性のような内なる「存在」のように感じたからです。この2つの「存在」は、性別に関係なく、誰の中にも両方存在し、私たちを様々なやり方で支援してくれるように思えたのです。こうして私は、内なる女性性と男性性について、更に深く学んでいくことに没頭します。そして人の成長・変容を支援させていただく上でも、実践を通して活用してゆくようになったのです。

女性性と男性性の探究

一方で、女性性と男性性という対は、性別を連想させる可能性を含んでおり、人に説明をする際には誤解を招くのでは、という懸念をもつようにもなってゆきます。女性は女性性が優位、男性は男性性が優位という、ある意味、性別による偏見を促す言葉になってしまわないかと危惧したのです。実際、クライアントによっては、女性性・男性性という言葉を聞くだけで、性別と関連づけた印象をもち、この対に拒否反応を示す方もいらっしゃいました。性別を問わない、内なる資質としての女性性・男性性という対を、どうしたら誤解なく理解してもらえるかということは、私にとって探求すべき大きな問いとなってゆきます。そんな時、私は、とても興味深い研究結果に遭遇します。グローバル企業のコンサルタントであるジョン・ガーズマとジャーナリストのマイケル・ダントニオは、女性的（フェミニン）な資質と、男性的（マスキュリン）な資質とは何かを理解するために、64,000人のグローバル・サンプルを対象に研究を行っています。その結果、「聞き上手」や「愛情深い」を含む68種類の資質が、女性的と受け取られており、「分析力がある」や「勇敢」を含む40種類の資質が、男性的とみなされていることを報告しています。その上で2人は、性別と関連づけずにこれらの資質について更に研究を重ね、「女性的とされる特質が男性的な資質よりも、世界をより良くする」と、多くの人々が考えていることを分析結果として示しています（4）。私は、この研究結果についてとても関心をもちました。なぜなら、性別という意味合いを越えて、この対を内なる資質として捉え、研究を実施した2人に深く敬意をもったからです。2人の研究結果は、私の見解とは少し異なることも事実です。なぜなら私は、女性性が世界をより良くするというスタンスではなく、「女性性と男性性は両方必要である」というところに立っているからです。けれども、性別を問わない資質という意味合いで提示された研究結果は、その後の私の活動を強く後押しするものでした。

ツイン・エネルギーとは

改めて、本書で取り上げる「ツイン・エネルギー」とは一体何なのか、ここで触れておきましょう。「ツイン・エネルギー」――それは、私たちが内側にもつ「女性性と男性性」という対の性質を意味しています。先にもお伝えした通り、性別について何等かの示唆をすることが、本書の意図ではないことを改めて伝えさせてください。私が出逢った女性の多くは、男性性を自然に発揮し、女性性をもっと磨きたいと感じていらっしゃいました。数多くの男性は、豊かな女性性を実感し、更に男性性を高めてバランスをとりたいと思っていらっしゃったのです。2つのバランスは、個人によって全く異なるものです。また本書は、LGBTを始めとする性的少数者の方々について、何らかの示唆をするものでもありません。女性であれ、男性であれ、性的少数者であれ、私たちの内側には、女性性と男性性という豊かな資質を備えていること、そしてその調和を取り戻すことの大切さを、本書ではお伝えしていきたいと思っています。

女性性は静のエネルギーを表します。もしこれを人に喩えるとしたら、私たちを無条件に受け入れ、愛し、見守ってくれる内なる存在とも言えます。右脳優位で、直感的な力に優れています。男性性は動のエネルギーです。人に喩えるならば、私たちが思うことを形にし、前進させ、実現させてくれるような存在です。左脳優位で言語や論理に強いとも言えます。この2つのエネルギーは、補完関係にあり、2つで一体となって、自然の秩序を私たちにもたらそうとしてくれているのです。ツイン・エネルギーのバランスが整っている時、私たちは、自分本来の力を取り戻すことができ、潜在的な力をフルに発揮できる可能性が高まります。結果として、前に進めるようになったり、願っていたことを実現することができたり、新しいものを生み出したりすることが、より自然に起こってゆきます。逆にどちらか一方に偏りすぎて、片方のエネルギーを全く使わなかったり、使いすぎたりすると、対としての働きができず、乱れたエネルギーを体験することが多くなります。ここで心に留めておくべきことは、私たちはいつでもツイン・エネルギーのバランスを取り戻すことができるということです。2つのエネルギーはまるで、私たちに右脳左脳があるように存在しています。どちらかに偏っているのであれば、もう一方を磨くだけです。それは、誰でもいつからでもできるのですから。私たちの内側にあるこの2つのエネルギーは、互いに協力し、私たちを勇気づけ、本来の自分に戻し、夢を実現することを支援してくれるのです。

実践からの学び

ほどなく私の仕事もグループワークが増え、多岐にわたるようになります。複雑な状況を抱えた企業で働くリーダーの方々の支援。多国籍グループの長期にわたるリーダーシップ開発など。この頃から私は、もっと深く、微細に、そして瞬発的にツイン・エネルギーというコンセプトを活用して人の成長を支援してゆく必要性を感じてゆきます。なぜなら、私が出逢った多くの方々は、複雑な問題を抱え、女性性と男性性のどちらかに偏り、苦しまれているように感じたからです。かつての私のように男性性に偏っている人は、動のエネルギーを使いすぎ、がんばりすぎて体調を壊したり、自分にも周囲にも攻撃的になって孤独感を味わったりしていました。女性性に偏り静のエネルギーを使いすぎている人は、人の気持ちを受け取りすぎて自分を傷つけていたり、本当は力があるのに思い切って自分を主役にして周囲をリードすることに恐怖をもっていたりしました。そうした方々に出逢う度に、私はここぞとばかりに、ツイン・エネルギーを念頭においてアプローチしましたが、その難しさから、多くの失敗も体験します。怖がって前に進むのを躊躇している相手に、男性性を喚起しようとやみくもに行動を促して心を閉ざされたりしました。つらい体験をしている人には、女性性の出番だと共感するものの、適切なタイミングでその人の背中を押すことができなかったりしたのです。ツイン・エネルギーのバランスを整えることがそれぞれの人の助けになることはわかっていましたが、その活用方法に難しさも感じていました。何しろ、お一人ひとりのバランスの具合、変化の速度やタイミング、アプローチの好み、など千差万別だったからです。その人に合うやり方でツイン・エネルギーを自在に使って支援することができたなら、どれほどもっと人の役に立てるだろう。そう痛感していたのです。私は、さながら研究者にでもなったようなつもりで、女性性と男性性というコンセプトが、人の成長や変容にどう役立つのか、という問いをもち、日々探求していきました。

失敗を繰り返しながらも、私は、お一人ひとりから、ツイン・エネルギーをどう活用したら変容に役立てるのかを学んでゆきます。一口に女性性と男性性といってもいろいろな側面があることもわかってゆきます。一番大きな学びは、2つのエネルギーは、誰の中にも存在するということです。私の役割は、ご本人がそのリソースを思い出せるようガイドし、その人なりのやり方で2つのバランスを整えるサポートをすることだったと言えます。

ほどなく私は、実践を通して学んできたことを、言語化して整理したいと思うようになります。成長・変容したいと思う方が、自分自身でツイン・エネルギーを活用できるようになれば、どれほど良いかと思ったからです。そうして出来上がったものが、「ツイン・エネルギー16」というコンセプトです。

ツイン・エネルギー16

ここからは、ツイン・エネルギー16を具体的にご紹介しましょう。これは、女性性と男性性を16の対に整理したものです。この本を書いている時点で、私は、20年近く、数千人の方々の悩みを聞き、その成長と変容を支援してきました。その中で、私たちには、状況は異なっていても根本では共通する悩みがあるように思い、それらについて助けとなる特有の女性性と男性性の対を16種類にまとめるにいたりました。ツイン・エネルギーのバランスを整えることで、悩みが解消されたり、次のステージへと成長できる可能性を、仮説としてとりまとめたのです。

ちなみに、ツイン・エネルギー16は、先にお伝えしたジョン・ガーズマとマイケル・ダントニオの研究から明らかになった女性的（フェミニン）な資質と男性的（マスキュリン）な資質と、多くの共通点があります。例えば、2人が明らかにした「直感的」「新しい考え方に寛容」といった女性的な特質は、ツイン・エネルギー16の「直感的に感じとる」「オープンさを維持する」と類似しています。また、「決断力がある」「論理的」という男性的な特質は、ツイン・エネルギー16の「決断する」「論理的に考える」と同じ意味合いをもっています。同時に、少し異なる点もあります。2人の研究結果は、女性的・男性的な特質をランダムに表示しています。これに対し、ツイン・エネルギー16では、すべての項目は対として存在するという仮説をもっているため、根本的な考え方が異なっています。このため、2人が提示した項目の中に、ツイン・エネルギー16の類似項目があっても、その対となる項目は存在しない、というケースがいくつかありました。そうした違いを加味したとしても、共通点が多い事実は、ツイン・エネルギー16に対する私自身の信頼感を高め、その後の活動を後押ししてくれたのです。

ツイン・エネルギーは、成長や変容に大いに役立つ情報だと思っています。但し、私たちは一人ひとり全く異なる、ということも心に留める必要があります。同じような悩みだからといって、自動的に特定のツイン・エネルギーが役立つとは限りません。一見似たような悩みでも、その奥にある本当のテーマは別であったりするものです。読者の皆さんには、読み進める中で、自分に最も役立ちそうなツイン・エネルギーを探し、活用の参考にしていただければと思っています。更には、女性性と男性性という切り口においては、この16種類の対がすべてだとは思っていません。これまで私が実践を通じて理解するに至った主なものをご紹介していますが、これ以外にもツイン・エネルギーがないわけではありません。本書は、私たちがツイン・エネルギーというリソースをまずは認識し、そして、活用の一歩となることを願って書かれています。

それぞれのツイン・エネルギーについて、４つの構成でお伝えしていきます。その意味、ツイン・エネルギーとしての働き、事例となる物語、活用のための問いという流れです。ちなみに事例としてご紹介する物語は、実際に起こったことを素材にしていますが、個人情報が一切わからないよう脚色をいれていることをご了承ください。また物語は、１人の人物の体験談のみならず、複数の方が共通して体験された話をとりまとめて1つにしているケースも多くあります。物語は、ツイン・エネルギー活用の一例にすぎず、全く別の活用法が数多くあることもお伝えしておきます。本書によって、読者の皆さんが自らのリソースに気づき、成長・変容のきっかけにされることを願っています。

〈参考文献〉

（1）「生物史から、自然の摂理を読み解く」科学ブログ　2013年12月30日
（2）「右脳と左脳の構造の違いを発見」科学技術振興機構　2008年11月18日
（3）「脳を鍛えるトレーニング」頭脳向上研究会
（4）『女神的リーダーシップ』プレジデント社　2013年12月3日

開きと結び

これからご紹介する４つのツイン・エネルギーは、ある共通の性質をもっています。それは、心を開くという女性性の質と、心を開いて受け取ったものを結んで（閉じて）循環を完了する男性性の質です。

ツイン・エネルギー①
【受け取る・与える】

この手の持ち主になっている自分を想像してみてください。この人は、どんな気持ちでまるい玉を受け取っているのでしょうか。

両手で受け取っているところをみると、どれひとつ取りこぼさないよう大事に受け取っていることが窺えます。そして、今まさに上から降ってきているまるい玉を落とさないよう、この瞬間に気持ちを集中していることも感じ取れます。こんな風に丁寧に大切に受け取ったものは、一つひとつが愛おしく感じられ、感謝が自然にわいてくるのではないでしょうか。

私たちは、気づく・気づかないに関わらず、日々、多くのものを受け取っています。人との何気ない会話から勇気をもらうことは、その一例です。また人生を振り返ってみると、あの人のお陰で今の自分がある、と思える人がいるはずです。家族、上司、先輩、友人など私たちにとって大事な存在が、無条件に愛してくれたり、救ってくれたりしたからこそ、今ここに存在できていることにも気づかされます。更には、植物から酸素をもらい、動物からその命と引き換えに食料を授かって命をつないでいます。目に見えない存在に意識を向けると、ご先祖様、自然、宇宙など、私たちにエネルギーを降り注いでくれている対象は無限に広がります。正に私たちは、受け取ることで活かされている存在と言えます。受け取ることは、心を開いてすべてのものに感謝するという、私たちの女性性の現れです。
もしも私たちが、日々当たり前に受け取っているささやかな奇跡に気づき、感謝することを自分に許したなら、何が可能になるのでしょうか。心を開き、やってくる善意を遠慮することなく十分に受け取ることを始めたら、人生はどのように変容しますか。

受け取ることは、あなたの命を活かすための根源的な力です。

一方で、受け取るからこそ、私たちは時に人に何かを与えたいと思うものです。誰かに花を贈る時、どんな気持ちになるものでしょうか。

相手に歓んでもらいたい、という純粋な気持ちから花を選び、心を込めて手渡すものです。もしかすると、相手の反応が気になってドキドキしたり、恥ずかしさから隠れたくなったりすることもあるかもしれません。私たちが本当に相手のことを思ってその思いを手渡す時、それを受け取ってくれる相手と同様に、いえ、時にそれ以上に、私たちは心が満たされたり、歓びを感じたりするものではないでしょうか。

与えること――。それは、誰かを無条件に愛するが故の衝動でもあり、それができた時、私たちは幸せや歓びを感じるものです。親が子供を思う気持ちから日々していることは、与えることの連続でしょうが、そのことによって親としての歓びを感じるのは言うまでもありません。また、仕事にやりがいを感じるのは、自分なりの貢献によって誰かに何かを手渡せたと感じた時ではないでしょうか。与えることは、私たちが自分の存在価値を感じる瞬間と言っても過言ではありません。

しかし、与えるということの本当の意味はこれだけに留まりません。私たちは、日々無意識に与える存在で在り続けていることに気づく必要があります。謙虚を美徳とする文化からか、自分は誰にも何も与えられていない、と本気で思う人がいます。しかし、何かをした、しないという軸から離れ、自分という「存在」が、生きる必然として「与える」存在であるという真実に気づく必要があります。「居てくれる」だけで安心する、明るくなる、やる気になるなど、自分が気づかないうちに周りは価値を受け取っています。更には、今生きているという事実は、未来に命をつなぐ貢献をしている証なのです。与えることは、周囲に貢献しようとする、私たちがもつ愛情深い男性性の現れと言えます。

あなたは、与えるものを無限に携えた贈り物です。

受け取って与える。この繰り返しで生命は成り立っています。この2つは、決して1つで存在することができない補完関係にあり、それはまるで、一緒に目的を遂げることを約束した、強力なパートナーシップと言えます。このツイン・エネルギーは、互いに協力し、生きる上で必要な根源的なつながりを私たちにもたらしてくれます。私たちは決して1人で生きているのではない、ということを、このツイン・エネルギーは一番よく知っています。

◆ツイン・エネルギーとしての働き

私たちは日々呼吸を通じて、植物から酸素を受け取り、同時に、植物に二酸化炭素を与えています。赤ちゃんは、親（あるいは育ての親）から愛を受け取り、ただそこに「存在する」ことで、親にこれ以上ない歓びを与えているはずです。この循環は、大人になってからもあらゆる人と絶え間なく繰り返されています。私たちが、この循環を受け入れ、受け取る時は十分に受け取り、自分が与える存在であることに気づくことで、私たちの生活は、生きる実感にあふれるはずです。

このバランスが崩れることは私たちに様々な影響を与えます。植物は、水をやりすぎたり、足りなかったりすると枯れてしまうのは言うまでもありません。私たち人間も、受け取ることを無意識に拒み、与えよう、与えようと無理をしすぎるとガソリン切れになって、心のバランスを崩します。逆に、周囲の好意を受け取っていても、自信不足から与えることに躊躇してばかりいると、本来もっている自分の価値を感じることが難しくなります。

◆俊介の物語

俊介は、ある外資系企業で部長を務めています。頼りがいのある上司として部下から慕われていた俊介でしたが、ある悩みがありました。それは、忙しすぎるスケジュールをどうにかしたい、というものでした。その悩みは深刻で、彼のスケジュールは、打ち合わせや商談などでびっしり埋まり、休む余裕は一時もなく、気が付くと心も身体もボロボロになっていたのです。何度かもっと仕事を部下に任せ、ゆとりをつくる努力をするものの、気が付くと、また多くを引き受けてしまう自分に戻ってしまうのでした。限界を感じた俊介は、知人からの紹介で、コーチングを受けることにしました。本当にコーチングがこの問題を解決できるのか半信半疑ではあったものの、コーチと話すことで少しだけ気持ちが楽になったことから、俊介はコーチングを受けることを決めたのです。まず初めにコーチと取り組んだことは、なぜこのような状態を自分に許してきたのか――この答えを紐解くことでした。コーチからの問いかけに答える内に、俊介は自分を縛ってきたある考えに気づきます。それは、与えることを止めたならば、自分は無価値になるという恐れでした。

仕事は、当然、誰かに何かを与えることで価値をもたらすものであることに間違いはありません。しかし、この考えが行き過ぎると脅迫観念のようになってしまい、自分が傷つこうとも、犠牲になろうとも、無意識に人のために与え続けることに躍起になってしまうのです。俊介は、どんなに忙しくとも部下の相談にのり、部下がしきる大切なイベントには必ず駆け付けて励まし、常に与え続けることで貢献してきました。しかし、与えても、与えても、心には不安が残り、エネルギーが枯渇していることに気づくのでした。与えないと無価値だという考えは、小さい時の家庭環境から根付いたものだということに気づきます。「いい子」であるために、親や兄弟に何かをしてあげることで承認を得てきたのです。コーチングをする中で、俊介が新たに持ち始めた考え方は、「受け取ることは与えることである」というものでした。受け取ることが苦手だった俊介は、この新しい考えを受け入れるのに初めは抵抗を示したものの、ゆっくりと少しずつ、相手の思いに心を開いて受け取る、ということにチャレンジします。しばらくすると、驚くことに、俊介は、人の思いを受け取ると、相手に安心や勇気を与えることに気づきます。また、受け取ることで、相手とよりつながりを感じるようになってゆきます。そして、受け取ることでゆとりができ、感謝をもって相手にメッセージを伝えたり、何かを手渡したりすることができることも実感するようになったのです。当然、自分が疲れ果てるまで相手のために時間を費やすことは止め、余裕をもつ生活を手にしたのです。

受け取ることと与えること。私たちは、知らないうちにこのバランスを崩すことがあります。その根底に、次のような無意識の信念があります。

▼与えなければ自分の価値はない
▼自分は受け取るに値しない
▼自分には与えられるものが何もない
▼十分に受け取ってはいけない、受け取ったらすぐに返さなければならない

このツイン・エネルギーは、受け取ることは与えることであるというメッセージを携えています。十分に受け取ることが、結局は相手のためになるということを教えてくれているのです。そしてまた、与えたものが私たちに返ってくるということも伝えています。ゆとりと感謝をもって人に何かを差し出す時、私たちは、感謝と歓びを受け取ることになるのです。

◆ツイン・エネルギー①の問い

▼「あの人のお陰で今の自分がある」と感謝したい人を1人思い浮かべてみてください。その人から何を受け取ったのでしょうか。その人に感謝を伝えるとしたら、何と伝えたいですか。

▼今日自分が食べたものを思い返してみてください。その食べ物が自分のところに

やってくるまでに関係したすべての人、動物、植物、自然などを想像してみてください。その一つひとつに感謝をもって、目の前の料理を食べてみましょう。

▼今日1日、受け取ることを意識して過ごしてみてください。人からの挨拶、食事、善意ある言葉、一つひとつを丁寧に受け取ってみてください。いつもと何が変わりますか？

▼あなたが、誰かのために何かをした、と思える行為を思い出してみてください。どんな些細なことでも構いません。そのことによって、あなた自身が逆に受け取ったものがあるとしたら何でしょう。歓び、感謝、絆といった気持ちでしょうか。あるいは何でしょう。

▼家族や職場、仲間たち。その中で、あなたの「存在」そのものが、何かを与えられているとしたら、それは何でしょうか。安らぎ、笑い、どんな些細なことでも構いません。

▼今日、誰かのためにささやかなことを1つするとしたら何ですか？

ツイン・エネルギー②
【満ち足りる・変える】

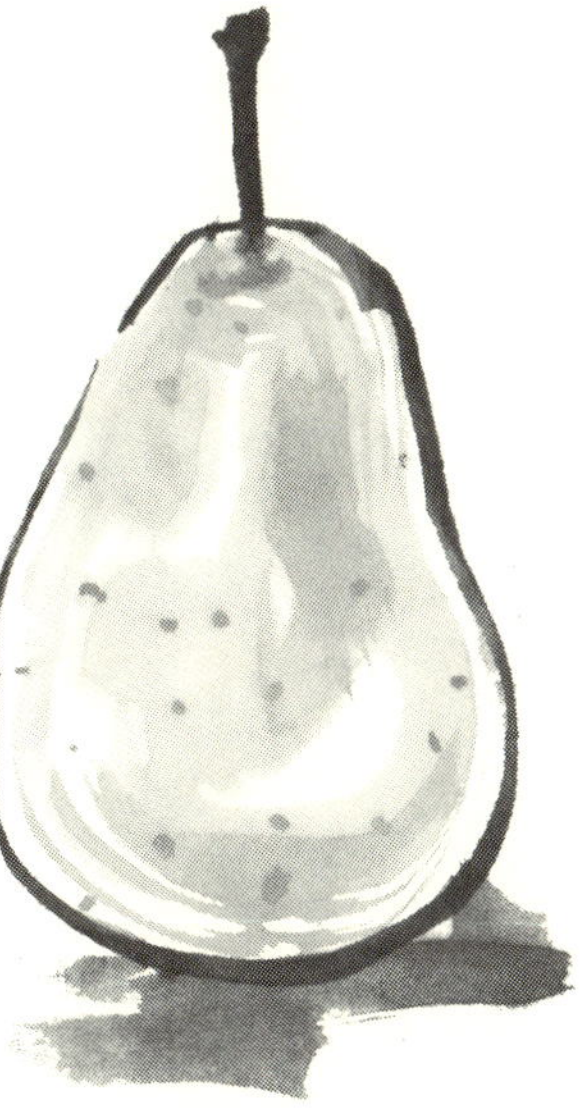

この洋梨は、凛としているように見えます。当然のことながら、決して、他を羨んで、メロンになろうとしたり、いちごになろうとしたりすることはありません。私たち人間が、形が整っている、整っていないと勝手に判断することはありますが、洋梨そのものは、自分を欠けた存在だと思うことはありえず、自分の生を淡々と全うしています。

私たち人間は、兎角、自分を他と比べて欠けた存在だ、と感じてしまうことがあります。もっと○○だったら、もっと○○にならなければ、と自分に対して厳しく批判的になることは、誰しも一度は経験したことがあるのではないでしょうか。満ち足りるという性質は、こうした私たちの心の声を払拭してくれる女性性の特質です。ありのままの自分をそのまま丸ごと認め、どの瞬間も十分である、という智慧を携えた女性性です。それは、いつか十分になったら満ち足りる、という考えとは反しているのです。

日本には、古くからこの考えを伝える智慧があふれています。「足るを知る」はその1つで、コップに入った水がどんな量でも、それがまさに十分であることを伝えています。腹八分目で十分だと感じること——仏教ではそれを満ち足りるというそうです。日本文化には、「余白」があるからこそ、美しいとする考え方があふれています。日本の庭師は、庭という空間を木や石で埋め尽くすのではなく、余白をもたせることを大事にし、自然の美しさを表現するそうです。もっと何かを……ではなく、腹八分目や余白によって満ち足りること。日本文化が私たちに伝える大切なメッセージともいえます。

もしも私たちが、他の人と比べることを止めて自分は十分であると決めたなら、何が可能になりますか。仮に欠けていると感じることがあっても、それがあるから自分なのだと信じることができたら、人生はどのように変化しますか。

満ち足りることとは、あなたのありのままの美しさを受け入れる力です。

この満ち足りる力と対になるのが、現状を変えようとする男性性のエネルギーです。この絵は、大きな流

れがある中で、異なる方向へ向かおうとする流れがある光景を描いています。それはまるで、私たちが慣れ親しんだ道を歩む中、何らかの変化があって、これまでとは別の道を選ぶ時の様子と似ています。

『この世で変わらないのは、変わるということだけだ』という、ジョナサン・スウィフトの言葉は有名です。私たちを取り巻く自然は、毎秒毎秒、変化しています。毎日同じ道を散歩していると、昨日までそこにあった蕾が、今日は花を咲かせていることに気づかされます。そして、知らない間に花は散り、枯れた木が立ち誇っているのです。自然は、常に変わり続けるという性質をいとも簡単に受け入れ、生命を維持しています。

私たち人間も、日々変化し、成長し続けています。その変化は、自分では気が付かないほど微細なスピードで起こっているのかもしれません。また、変化は突然やってくることもあります。突然、辞令を言い渡されて仕事が変わる、突然、事故にあって休まなければならないなど。それはまるで、新たなる自分へと成長するために、神様が用意したシナリオであるかのように感じることもあります。更には、自分自身が、何かを変えたいと疼きを感じることもあるでしょう。心地よかった現状に違和感を感じたり、新しいことに挑戦したいと感じたりすることは、誰でも経験しているはずです。慣れ親しんだことを変えることは、もちろん簡単とはいえず、失敗への恐れをもつこともあります。しかし、流れに逆らわず、勇気をもって変わること・変えること――それを可能にするのが、私たちの中にある男性性です。

あなたは、常に変わり続ける自然の一部です。

◆ツイン・エネルギーとしての働き

満ち足りることと変えること。このツイン・エネルギーは、私たちが変わる必要がない存在であり、同時に、変わり続ける存在である、というパラドクスを伝えています。このツイン・エネルギーが伝えるメッセージは、自分が不十分だと感じることがあっても、完璧さを求めず、少々欠けていることをむしろ良しとして満ち足りていく大切さです。その上で、満ち足りた状態を維持するためには、必要な変化を受け入れ、エネルギーを活気づかせてゆくことが大切だとも伝えているのです。時には変化を自ら起こし、状態を一新させ、満ち足りた状態を取り戻すことも促しています。このツイン・エネルギーの願いは、私たちがイキイキと満たされて生きることです。

◆玲奈の物語

玲奈は、今年からある会計事務所で働くことになった新入社員です。配属された部署にはもう1人幸子という新入社員がいたことから、何かあったら彼女とお互いに助け合っていけるだろうと、玲奈は心強く思っていました。ところが、数か月経ってみると、自分の中に拭い去れないある焦りを感じるようになったのです。それは、自分はどんなにがんばっても幸子には敵わない、というものでした。幸子は、高学歴で仕事はそつなくこなし、容姿端麗なことも手伝って周囲を惹きつける魅力をもっていたのです。それに引き換え自分は仕事が遅く、何をやってもぱっとしない存在だ。自分は彼女より劣っている、何か欠けていると強く思うようになってしまったのです。なんとか幸子のようにテキパキ仕事をこなし、積極的に動こうとするのですが、一層空回りしてゆくのです。自分が十分ではないという声は、日に日に増してゆき、ついには具合が悪くなって会社に行くこともできなくなってしまいました。気が付くと、玲奈は部屋にひとり閉じこもり、誰にも会いたくないと思うようになってしまったのです。もうどうなってもいい。それが玲奈の心の声でした。そんなある日、ふと聞いていたラジオに玲奈はくぎ付けになります。事故で足を失い義足となった青年が、自分の体験談を語っていたのです。事故当時は立ち上がれないほど落ち込んだものの、今、自分は幸せだと言っている青年が眩しく感じられたのです。彼は、足を失ったことによって、家族の愛や自分の身体など、今あるものの有難みに気づかされたと言っています。そして事故前よりも成長した自分を感じていると。その青年は、まるで自分の今を受け入れ、イキイキとしているように思えたのです。玲奈は、青年の心の強さに驚きを隠せませんでした。もちろん、すぐに自分に当てはめることはできません。私は彼と違う、私の場合は……。と心の中で、彼のようにはなれない自分を感じます。ただ、彼のことが、次の日もその次の日も頭から離れなくなっていったのです。そんな玲奈が変わるきっかけとなったのは、散歩でした。家に閉じこもる毎日でしたが、少しだけ外に出て散歩をすることが、玲奈の日課となっていたのです。散歩をして自然に触れることで心は癒されました。それは、玲奈にとって唯一ほっとする時間だったのです。歩きながら青年のことを考えていると、それまで頑なだった自分の心に少しだけ変化を感じます。なぜなら、自然が青年と同じことを伝えてくれているように感じたからです。どの木もありのまま堂々と立っている。誰にも気づかれずにひっそり咲く花。どれも美しく誇らしく見えました。それらを見ていると、なぜだか涙が込み上げてきました。自分は人と比べて欠点ばかり見て落ち込んでいたけれど、そんなことをして何になるんだろう。十分か十分じゃないかなんて誰が決めるんだろう。人だってそのままでいいんじゃないか。私だってこのままの自分でいいんじゃないか。「このままの自分でいい」。そう言ってみると、心が少しだけ晴れるような気がしました。玲奈は、その言葉を握りしめ、帰宅したのです。その後、玲奈は、ずっとやっていなかった部屋の掃除をします。まるで、これまでの自分に終わりを告げるかのように、いらないものをすべて捨てました。玲奈にとって、それは、新しい自分を宣言するかのような行為だったのです。部屋の雰囲気が変わると、玲奈の気持ちは少し落ち着きを取り戻します。そして久しぶりに晴れやかで満たされる気持ちを感じたのです。このままの自分で花を咲かせよう。誰でもなくこの自分を大切にしよう。一日一日自分を大切に過ごしていこう、玲奈はそう思ったのです。

自分に何かが欠けていると感じる時、兎角私たちは、その自分を変えようと躍起になることがあります。このツイン・エネルギーは、足りないものを数えるのではなく、まず、今あるものに焦点をあわせ、それがいかに豊かであるのかを思い出し、そのままで満ち足りることができることを伝えています。その上で、変化を受け入れたり、自ら変化を起こしたりすることで、満ち足りたエネルギーが活気づくことも教えてくれています。変化は大きくなくとも、玲奈のように、少しばかり掃除をするといった些細なものでも、心に影響を与えることがあります。日常の中に、ささやかでも十分さを見いだし、変化しながら、イキイキすることを助けるのがこのツイン・エネルギーです。

◆ツイン・エネルギー②の問い

▼腹八分目の生活を始めてみましょう。お腹いっぱいになる少し手前で食事を終え、十分だった食事に感謝して過ごしてみましょう。

▼余白のある毎日を過ごすよう意識してみましょう。明日に延ばせることは延ばしてみたり、やりたいと思ったことを全部やらずにオッケーとしてみたりするのです。余白の時間をもつことで何が得られるのか、気づいてみましょう。

▼他の人と比べることを止めましょう。自分に欠けている、と思うことがあれば、その欠点をあえて長所に言い換える練習をしていきましょう。

▼今日1日という日に、何か変化を取り入れるとしたら、何がしたいですか？　食べ

たことのないものを食べる、いつもとは違う道を歩く。どんなことでも構いません。少しばかりの変化を体験することで、あなたの気持ちはどのように変わりますか？

▼もしも、今の生活に違和感をもっているのだとしたら、それは、どんなサインでしょう。少しばかり休むことかもしれません。あるいは、大胆に何かを変えることかもしれません。変化することが唯一変わらぬことである——この言葉が真実だとしたら、あなたは何を変えますか。

▼あなたが、今、変化したいけれどなかなか動けないのだとしたら、どんな恐れがありますか。恐れにも利点があるとしたら、それは何でしょう。

ツイン・エネルギー③
【オープンさを維持する・決断する】

この3人の子供たちは、なんとも開放的に、全身で楽しさを表現しています。こんなに無防備に遊んだのはいつの頃だったでしょうか。

この3人は、オープンでいるとはどんなことなのか、その様を教えてくれています。上から飛んでくる子供は、新しい世界にワクワクしながら、両手を広げ、こちらに向かってきています。裸で踊る2人は、今を思い切り楽しんでいます。私たちは、未知の世界に飛び込む時、恐さが先に立って、二の足を踏んでしまうことがよくあるものです。失敗したらどうしよう、受け入れられなかったらどうしよう、様々な心配が心をよぎるからです。オープンさを維持するという質は、そんな心配を払拭する、好奇心と遊び心にあふれる女性性です。新たな世界には、どんなワクワクした体験が待っているのでしょう。ハートを開き、未知の人々・体験を楽しんでみましょう。

オープンさを維持するという女性性は、異なる意見や考え方に対しても、評価判断してシャットアウトすることなく、その違いに心を開くことを促します。なぜなら、シンプルに違うことが面白いからです。赤ちゃんは、肌の色や人種の違いに興味を示します。自ら近寄って、触ったり、見つめたりします。私たちが、この好奇心とオープンさを思い出すことができたなら、何が可能になるでしょう。もしかすると、心の壁を越えて、人を赦すこと、人を愛することを私たちにもたらすかもしれません。私たちの中には、いつでも絵に描かれた3人のように、人を受け入れることのできる、心の広い女性性が潜んでいるのです。

あなたは、新しい世界・異なる人々を楽しむ、広い心の持ち主です。

このオープンさを維持する心と対になるのが、決断するという男性性です。チェックメイト――それは、チェスをしていて最後の一手を打つ瞬間のことです。これで決める、と腹をくくる時です。いろいろな手を試す中で、これでいいのか、やっぱり違う、と迷う気持ちもあったでしょう。それ

を乗り越え、腹をくくる行為は、なんとも清々しい気持ちになるものです。
私たちは、生きていく中で、日々、無数の決断をしています。今日は何を食べるのか、誰に会うのか、何時に起きて何時に寝るのか。もっと大きな決断もあります。どんな仕事をするのか、誰と結婚するのか、どこに住むのか。誰かの意見に従うこともできますが、最終的には自分のことは自分で決めなければなりません。決断する――その自由と権利を、私たちは与えられています。決断するという男性性は、自分の心の声に従って生きるという、とても潔い力で、私たちが人生を納得して生きるために欠かせない質です。

しかし、私たちは、この力を放棄することがあります。あの人が怒るから、この人たちに迷惑がかかるから、世間では認められないからと、決断する力を誰か別の人に預けてしまうことは、誰しも経験したことがあるのではないでしょうか。もしかすると、納得できない道であっても、泣きたくなるような気持ちを抑え、我慢をする選択をしたこともあったかもしれません。なぜなら、私たちの決断には、何かをあるいは誰かを失うリスクが往々にしてあるからです。

決断するという男性性は、そんな時に、とても頼りになる存在です。自分にとって本当に大切なことを見極めたなら、起こり得るリスクや失うものを承知の上で、腹をくくる力を与えてくれます。これが私の決めたことです、と堂々と立ち尽くす勇気を授けてくれるのです。

あなたは、大事なことに腹をくくる勇敢な侍です。

◆ツイン・エネルギーとしての働き

オープンさを維持し、決断する。このツイン・エネルギーは、私たちが何かを評価判断する際、オープンさと自己尊重の両方が必要となることを伝えています。私たちが、異なる考えに心を閉ざして何かを判断することがあれば、必ず、正してくれるはずです。逆に、人にばかりオープンになって自己犠牲をして決断をすることも良しとしません。心を開いて未知なるものから学ぶ姿勢をもち、且つ自分を尊重して決断することで、道が開かれることを示しています。

◆健太郎の物語

健太郎は、６人家族の末っ子です。小さい頃から両親・兄・姉に可愛がられ、何をやるにも最も安全な道を選択できるよう、家族から助言を受けて育ってきました。どの高校に行ったらいいのか、部活は何がいいか、就職はどこがいいか、誰とつきあったらいいのか――すべて兄と姉が決めてくれました。日常の中でも、食べない方がいいもの、観た方がいい映画など、彼らのマネをすれば間違いがなかったのです。健太郎は、自分は愛されていることを実感し、兄と姉の助言を歓んで受け取って育ってきました。そんな健太郎は、大人になるにつれ、その生き方が通用しない現実に直面するようになります。結婚した健太郎は、妻からその優柔不断さを責められるようになるのです。どっちでもいいよ。これが健太郎の口癖でした。その言葉を聞く度に、妻はなんとも言えない気持ちになっていました。決断はいつも私がしなければならない。本当に困った時に夫は何の力にもなってくれない。そうした愚痴を妻は健太郎にぶつけますが、健太郎はいつもそれをひょうひょうと聞き流すだけだったのです。そうして2人はぎくしゃくしながらも、夫婦生活をなんとか続けていったのです。一方で、健太郎は、1人悩みを抱えていました。それは、今の仕事にやりがいをもてないことです。兄と姉に勧められて就職した会社でしたが、充実感はありません。かといって大きな不満があるわけでもありません。ただ、このままでいいのだろうか、そんな不安がよぎるようになっていったのです。長くその気持ちを抱えながら仕事をしていましたが、ここにきて、昔から思いのあった映像に携わる仕事への情熱が自分の中でふくらんできたのです。健太郎は苦しみました。なぜなら、その気持ちに正直になって決断すると、すべての人を悲しませてしまう――そう思ったからです。兄や姉は何というだろう。妻は反対するに決まっている。皆をがっかりさせて、最後に自分は1人になってしまうに違いない。そんな恐れが頭から離れなくなり、夜も眠れなくなっていったのです。あきらめよう、遂に健太郎は人知れずそう決めます。これで悩まずに済む、そう思いほっとする健太郎でしたが、しばらくすると、一層気持ちが重くなってゆくのです。生まれて初めて自分がやりたいと思うことをあきらめるのは、こんなに苦しいことなのか、健太郎はそう思います。そして、さんざん悩んだ挙句、そのことを妻に打ち明ける決心をします。もしも妻が怒ったら……。反対したら……。何度も思い直しますが、最後にはまた同じ気持ちになる自分を感じ、健太郎は決死の覚悟で妻と対峙することにしたのです。そんな健太郎の話を聴いた妻は、もちろんすぐに受け入れることはできません。何のツテもないのに大丈夫なの？　収入はどうするの？　矢継ぎ早に質問をあびせかけます。健太郎は、自分でも一番気になっていたことを問いかけられ、返す言葉もありません。ぎくしゃくした2人は、気まずい雰囲気のまましばらく口をきくことができませんでした。その後数週間が経ちます。覚悟を決めたのは妻の方でした。初めて健太郎から強い意思を聞いた妻は、考え抜いた末、思い直したのです。当分、私が稼ぐから期間を決めてやってみたら？　応援するから——そう健太郎に伝えたのです。え？　健太郎は信じられませんでした。生まれて初めて自分で自分の道を選択したこと。そして、妻が受け入れてくれたこと。そのことに心も身体も震えていたのです。

その後の健太郎の道は、決して平たんなものではありませんでした。何しろ未知の世界に飛び込むのですから。学ぶべきこと、人に助けを求めること、やることはたくさんありました。けれども、健太郎はその後、たくさんの人に出逢い、情報をもらい、多くのことを吸収していったのです。自分の真実に沿って決断し、心をオープンにしていれば、必要なものに出逢える。そう健太郎は感じていました。新しい道に進むため、お世話になった人々や、兄や姉にも決意を伝えました。中には健太郎を心配して決断に反対する人もいましたが、ブレない健太郎に、最後はみんなエールを送ってくれたのです。

オープンさを維持し、決断する。このツイン・エネルギーは、私たちが本当に大切な決断をする時に、勇気を与えてくれます。腹をくくるとよく言いますが、その強さを私たちが取り戻した時、このツイン・エネルギーは、新たなる扉を開き、必要な情報や助けをもたらしてくれます。また、心をオープンにして情報を積極的に取り入れることで、より最適な決断ができることも示しています。

◆ツイン・エネルギー③の問い

▼あまり知らないけれど苦手だと感じる人（たち）がいるとしたら、少し立ち止まってみましょう。心を開いてその人（たち）に好奇心を向けてみると、どんなことに気づきますか。面白味を感じられる点は何でしょう。肯定的な面を1つ言葉にしてみるとしたら、どんな言葉を選びますか。

▼生まれて初めてという体験にトライしてみましょう。食べたことのないエスニック料理のレストランに行ってみる。話したことのない世代の人々と話してみる。そのことによって得られることが1つでもあるとしたら、何でしょう。

▼あなたにとって、心をオープンにするとは、どんな意味ですか。どんなメリットがありますか。あなたがこの1週間でできることは何ですか。

▼あなたは日頃、何を基準に決断していますか。その基準に納得感はありますか。も

しない場合、どんな基準で決断していきたいですか。

▼迷っていることがあるとしたら、自分の心に問いかけてみましょう。その状況の中で、あなたの心が欲していることは何ですか。自由、つながり、真実など、欲していることを知ることは大事なことです。気づいたことをノートに書き出してみましょう。一番欲しているものをどんな風に自分に与えられるのか、問いをもって過ごしてみてください。

▼あなたが何らかの決断をするタイミングにあるものの、怖くて前に進めないのだとしたら、何が怖いのでしょうか。あなたにとって、その恐れよりも大切なものは何ですか。決断するために何を手放しますか。

ツイン・エネルギー④
【問う・解決する】

このふくろうは、今、あなたに何を問いかけていますか。本当はどうしたい？　こんな風に無邪気に問いかけられたら、思わず本音をポロリと言いたくなるのかもしれません。

このふくろうが私たちに思い出させる存在は、子供です。子供は純粋な気持ちから問いかける天才です。お父さんはどうしてお仕事をしているの？　子供は、はっとすることを問いかけるのが常です。それは、答えは相手がもっていることを100パーセント信じているからこその行為です。私たちは、大人になるに従って、無邪気に問いかける、という力を失ってゆきます。自分は大人なんだから、知っていなければならない。専門家なのだから、リーダーなのだから、問題への答えを見つけ、人を導かなければならない。そして、わからないと言うことに恐怖さえ感じてしまうのです。しかし、今、この問うという行為の本当の威力を思い出す時だといっても過言ではありません。なぜなら、時代は転換期を迎え、過去の成功体験だけでは、今の私たちの問題への解決策を導きだすことができないからです。

問うという女性性の質は、私たちが考えもしなかった領域について、考えるきっかけを与えてくれます。それはまるで、無限に広がる潜在意識と私たちをつなげ、新しい領域にあった情報や答えをひっぱりだしてくれるような力をもっています。また他の人に問いかけることによって、自分では考えも及ばなかった意見や情報を受け取ることができるのです。すぐには答えがでない場合も、問いをもってしばらく過ごしてみると、たまたま見た広告や人との会話から答えを受け取る、ということもよくあることです。

もしも私たちが、必要のないプライドを横におき、自分に、人に問いかけることができたなら、何が可能になるのでしょうか。答えはいずれわかるだろう、とゆったり構え、待つことを自分に許したなら、何が生まれるのでしょうか。

問うことは、あなたが無限の可能性とつながる力です。

この問う力と対になるのが、解決する力です。たくさんあるパズルの中で、ピタっと合うピースを見つけられた時、とても嬉しいものです。時間をかけてそのピースを見つけるプロセスもワクワクするもので、寝ずにパズルを仕上げるという人もいるようです。

　パズルのピースを見つけるように、問題への最適な解決策を見つけることに歓びを感じるという人は少なくありません。クイズにのめり込む子供たちもいます。家庭で起こる問題をいつも裏技で解決する主婦（夫）もたくさんいます。また、組織で働くリーダーの仕事も、問題解決の連続と言えます。人と人との対立の仲裁、売上悪化への対処、成果がでない部下への関わりなど、日々、それらの対策をいち早く見つけることが求められます。こうした問題の解決策を見つけることは、大変な労力を伴うものの、見つけられた時の達成感は言葉で言い難いほど大きいも

のです。解決するという男性性は、私たちが生きていく中で必要な能力であり、人に安堵感をもたらす力があります。

解決するためには、ものごとを深く観察し、問題の本質が何であるのかを見極めることが必要となります。通常、問題はいくつもの要素が絡まり合っているため、表面の事象だけを捉えて対処しても、真の解決にならないことがあります。真の問題が一体何なのか、それを特定することが必須です。売上があがらない本当の問題は、長く放置された社員の対立からくる心の痛みかもしれません。勇気をもった決断ができないリーダーの恐れなのかもしれません。解決することは、真の問題とその原因を知り、ベストな策を見つけ出す頼りがいのある男性性です。

解決することは、あなたの中にある探求心の表れです。

◆ツイン・エネルギーとしての働き

問い、解決する。このツイン・エネルギーは、互いに協力しあうことで、私たちが日々直面する悩みや問題を払拭する力を与えてくれます。このリソースを活かすためには、私たちはまず、わからない自分を許す勇気が必要です。わかったふりをしたり、今知っていることに縛られたりするのではなく、心を開き、問うことで答えが他からやってくることを歓迎するのです。その上で、自分が解決できる力をもっている、という自信をもつ大切さも伝えています。その両方があることで、真の問題を理解し、策を講じられることを伝えているのがこのツイン・エネルギーです。

◆道子の物語

ある経営コンサルタント会社で働く道子は、過去20年あまり、やり手のコンサルタントとして活躍してきました。頭の回転が速く、洞察力に優れた道子は、クライアントが望む真の解決策をいつも提供してきました。英国本社からは、特別に優れたコンサルタントに贈られる称号も受け取るほどでした。誰からも羨ましがられる道子でしたが、彼女はある悩みを抱えていました。それは深い孤独です。仕事で賞賛を浴び、金銭的に恵まれるにつれ、言いようもない孤独感を感じるようになっていたのです。私は誰にも頼れない。独りぼっちだ。その気持ちを誰かに聞いてほしいと思うものの、話す相手が見つからず、また、話したところで本当に誰かがわかってくれるとは到底思えなかったのです。どれだけ長い時間が経ったでしょう。限界に達した道子は、プロのコーチとこの問題に取り組むことにしました。涙ながらに自分の心の内をコーチに話す中、道子は、根深い自分の思考パターンに気づきます。それは、私がすべて解決しなければ、皆が生きていけなくなるというものでした。幼い頃、母子家庭で育った道子は、家族皆のお父さん代わりとなって、妹、弟、そして母親の抱える問題を、すべて解決してきたのです。それが道子の家族の中での役割でした。コンサルタントになった今も、クライアントやメンバーの抱える問題をみんなに代わって解決することが自分の務めだと思い、今日までがんばってきたのです。ところが、ここにきて、自分の悩みは誰が聞いてくれるんだろうと、積もりに積もった寂しさが、溢れてきたのです。

仕事を取り巻く環境もここ最近は変化し、前のように自分1人では解決できない問題も増えてきました。頭では、周囲と対話を重ね、一緒に解決策を導きだすべきだとわかっています。でも、それが怖かったのです。解決策をもたない自分、わからない自分を認めることは、自分の存在が無くなるように感じてしまい、それができなかったのです。道子は、コーチングの中で、その恐れと向き合います。そして、怖いけれど新たな道を踏み出すことを決めるのです。自分が変わらない限り、孤独感を手放せないとわかったからです。道子は、新たに「人は、解決する力をもっている」という考えをもってみることにします。そして相手の答えを引き出すために問いかける練習を始めます。もちろん道子にとってそれは簡単なことではありません。相手が答えるより先に自分で解決策を言ってしまったり、自分の解決策のほうが優れていると思うことが多かったからです。多くの失敗を繰り返しながらも、道子は辛抱強くこの練習を続け、新しい学びに遭遇するようになります。質問して意見を求めることで、大人しかった部下が驚くほど斬新なアイデアを口にするようになります。クライアントが自分で解決策を口にし始めます。道子は学んでゆきます。最初は半信半疑だったこの練習だけど、人は考えるチャンスをもらうと、本当に答えを見つけることができる、しかも、その答えは本当に優れていると思えたのです。更なる驚きは、道子が解決策を与えなくても、誰も道子を咎めたりすることがなかったことです。むしろ部下もクライアントも、意見を求められること、自分で解決策を見つけられることが、嬉しそうだったのです。もちろん、道子は、以前のやり方を完全に手放したわけではありません。解決策を提示する自分を大切にしつつ、新しい自分を磨いていったのです。しばらくすると道子は気づきます。自分の中に根深くあった孤独感がもうなくなっていることを。

このツイン・エネルギーは、私たちは、誰しも問題を解決する力をもっているという力強い励ましの声を携えています。もしも自分だけで問題を解決することに固執しているのだとしたら、限られた知識に頼り、真の解決策を導けないことがあります。何よりも、そのやり方に過度に頼ることは、自分を孤立させ、周囲の成長を削ぐことにもつながります。もし逆に、自分には解決する力はないと思い込み、人に質問をすることが習慣になっているとしたら、依存的になっているのかもしれません。このツイン・エネルギーは、自分と他者の力を信じ、問題解決をみつける力を私たちに思い出させてくれているのです。

◆ツイン・エネルギー④の問い

▼あなたが今、最も悩んでいることについて、問いをつくるとしたら、どんな問いでしょうか。すぐにその答えがわかる必要はありません。しばらくの間、その問いをもって過ごしてみましょう。その答えが、偶然読んでいた本からわかったり、たまたま話していた人からやってきたり、歩いている時に思い浮かんだりすることを体験してみてください。そのプロセスを楽しんでみましょう。

▼誰かに質問することへの抵抗があなたの中にあるとしたら、それはどのような抵抗でしょうか。その抵抗を持ち続けることで、あなたは何を失いますか。

▼気になっている人に対して、問いを投げかけるとしたら、どんな問いですか。相手の答えを予測せず、好奇心をもって問いかけてみましょう。どんな発見があるのか実験してみましょう。

▼自分の中の解決する力を呼び覚ますために、あなたに必要なものは何ですか。また、どんな考えを手放す必要がありますか。

▼今日1日、悩んでいることの答えについて知ったふりをして過ごしてみましょう。自分が創造主になったつもりで答えを決めてみると、何が可能になるのでしょうか。

▼今、直面している問題の奥に隠れている真の問題は何ですか。表面的な現象の奥にある、人々の感情、事情、関係性などにも目を向けてみましょう。真の問題がわかったら、解決に何が必要だと思いますか。

信頼と邁進

これからご紹介する４つのツイン・エネルギーは、共通の性質をもっています。それは、あらゆるものを信頼するという女性性の質と、前に向かって邁進するという男性性の質です。

ツイン・エネルギー⑤
【あり方を整える・行動を起こす】

この木は、大地にどっしりと根をはやし、凛と立っています。葉っぱがそよ風に揺れて、何やらさわやかな雰囲気もあります。疲れた時に、こうした木陰に入ってほっとしたい、一休みしたい、そんな気持ちになることはよくあるものです。

この木のように、いてくれるだけで心地よいと感じさせてくれる人に出逢ったことはないでしょうか。その人がいるだけで、癒される、明るくなる。何をした、しないという軸ではなく、私たちは、人のあり方に魅了されることがあります。そんな時、その人は、きっと飾らず、自然体で、その人らしくいてくれたのではないでしょうか。私たちは、どんな時も目に見えないエネルギーを放っています。どんなに立派なことを言っていても、その人のあり方に、ウソが感じられたりすると、途端にメッセージが心に響かなくなってしまうものです。私たちのあり方は、まさに生き様とも言え、人への印象を大きく決めてしまうものだといっても過言ではありません。

これは、人に良い印象を与えるために、他人の真似をしなければならない、ということでは全くありません。あり方は、十人十色です。自分らしい自然なあり方でいることが、一番、その人の魅力を表現します。人と違うユニークなあり方は、周囲の人を自由な気持ちにさせてくれるかもしれません。静かなあり方は、私たちに安らぎをもたらしてくれるかもしれません。エネルギッシュなあり方は、人に元気を与えるでしょう。自分らしいあり方が一番です。その自分を信頼し、凛としてそこに在る時、その人の魅力があふれるのです。私たちの女性性は、自分のありのままの素晴らしさを一番よく知り、いつも、本来の自分を引き出そうとしてくれています。自然体の自分でくつろぐことを自分に許す時、私たちは、きっと絵に描かれた木のように、何かを人に与えられる存在になっているのではないでしょうか。

自然体であること——それがあなたの一番の魅力です。

あり方を整えることと対になるのが行動を

起こす力です。一歩踏み出す。この絵は、その時の様が描かれています。この足の持ち主は、どんな気持ちで足を前に出したのでしょうか。

人生の中で、勇気をもって一歩踏み出す、行動を起こす、ということが誰にでもあるはずです。ずっと気になっていた病気を診てもらうために病院に行く。欲しかったものをついに買う。新しく事業を始める。その時のことを思い出してみてください。もしも長きにわたり、迷いに迷って決めたことであるならば、並々ならぬ思いがあったのではないでしょうか。震えながらの一歩だったかもしれません。あるいは、やっと動けたという安堵感があったかもしれません。私たちが、行動を起こす時、エネルギーが動きだし、その先に新しい未来をつくることができます。行動なしには、何も始まりません。行動を起こすという男性性は、新たな世界へと背中を押してくれる、たくましい力を兼ね備えているのです。

ところが、私たちは、怖くて行動を起こせないことがあります。今までのほうがずっと心地よいからです。わざわざ、腰をあげて、何かを始めるのは面倒くさいという気持ちもあるでしょう。失敗したらどうしようという恐れもあるでしょう。そして、過度に思い悩み、結局はやらない、という選択をすることもあります。同時に、そのことで失うことも大きいことを私たちは知っています。嫌だと思いながら同じ場所にいたり、あきらめの気持ちをずるずる引きずりながら、生きていかなければならないからです。行動を起こす男性性は、失敗しても良いからやってみよう！　どんなことも動いてみないと始まらないよ！と明るく私たちを励ましてくれる友人のような存在です。

あなたは、行動を起こして未来を切り開く人です。

◆ツイン・エネルギーとしての働き

あり方を整え、行動を起こす。このツイン・エネルギーのバランスを整えると、自分らしいあり方で行動を起こすことができます。その結果、自分らしい存在感で周囲に影響をもたらすことができるでしょう。共鳴する理解者が集まってくるかもしれません。何よりも、願っていることを自分らしく前に進めることができるのです。それを後押しするのが、このツイン・エネルギーです。

◆洋二郎の物語

洋二郎は、ある日本企業の代表に就任しました。突然の抜擢を受けたことは、洋二郎にとって名誉であり、ただただ期待に応えたい、その一心で代表の座についたのです。根がまじめな洋二郎は、一通りの業務を経験していたことも手伝って、やるべき任務を果たす自信がないわけではありません。ただ、1つ心配なことは、自分が前面にたって皆をひっぱることができるか、ということです。二番手としてトップを支えることが得意だった洋二郎は、今度は自分が先頭に立って多くの人に影響を与えなければならないということに、プレッシャーを感じていたのです。というのも、前任の社長は、カリスマ性があり、誰からも慕われていたのです。少しでも彼のようにならなければ、洋二郎は人知れずそう思っていました。そんなある日、早速、全社員の前でこれからの方針を語る機会が与えられたのです。厳しい現実を抱える今、やる気を失っている社員にどうしたら明るい未来を伝えられるのか、そんな課題も相まって、洋二郎はとても緊張していました。寝る間を惜しんで準備をし、いざ本番を迎えた洋二郎でした。ところが、周囲から厳しい反応が聞こえてきます。がっかりした。あれは何だったの？　古株の女性社員がすぐに洋二郎の元にやってきて言いました。どうしたの？　ぜんぜんらしくなかったじゃないの。カッコつけなくて良いのに。いつもの自分で勝負するしかないじゃない。やってしまった……。洋二郎は、自分でも感じていた居心地の悪さに気づきます。背伸びをしてしまったのです。なんとか皆を明るい気持ちにしたい、その一心からアップビートに自分を演出し、希望を与える未来を語ったのです。社長とはこうあるべきだ、そう無意識に作り上げたイメージに自分を寄せてしまったのです。

洋二郎は痛感しました。結局自分を偽っても皆お見通しなんだと。実際のところ、洋二郎の心の内は、不安だらけでした。この環境をどう乗り切るのか、就任したばかりの自分が、1人で好転させることなどできません。厳しい現実がやってくるかもしれない、それを隠した自分にも今から考えると違和感があります。深く反省する洋二郎でしたが、彼の良いところは、困難から這い上がる不屈の精神をもっているところです。良い意味で開き直るしかない——そのことに洋二郎は気づくのです。このままの自分でいくしかない。未熟かもしれない。けれど今の自分でいくしかないのだ。そして自分なりに、これまでの自分を振り返ってみます。一体なぜ、社長になろうと思ったのか……。それは、「真心をもって人と接する」という社訓への強い思いがあったからでした。代々受け継がれてきたこの社訓をいつも実践してきたのは自分だったではないか。洋二郎は、自分の中にある会社への強い思いと、これまで歩んできた道のりに「誇り」をもっている自分を思い出します。洋二郎は思います。これからも今までの自分でいこう。真心をもって社員と接していこう。厳しい現実も、自分についても、そして自分が代表として決意していることも、真心をもって話せば良い。社員にメッセージを伝える次の機会は思ったより早くやってきました。洋二郎は、準備の多くを、話す内容ではなく、自分の心の状態・あり方を整えることに費やしました。「真心をもって人と接する」ことを大切にしてきた自分を信頼し、その信念をしっかりと心に持ち、そのままの自分で堂々と話すことを最優先にしたのです。何をどう伝えたら良いのか、それは自然にわかりました。洋二郎が話を終えると、古株の女性がやってきて言いました。やったじゃない。皆にちゃんと響いていたわよ。案の定、洋二郎の言葉は、真摯に受け取られ、みんなの士気を高める結果を生みました。自然体の自分でいることが、一番人に影響を与えられるものだ。もともとあった信念を思い出すことで自分の心は整うものだ――洋二郎はそう学んだのでした。この体験を経たことで、洋二郎は自分のことをより深く信頼するようになります。やりたいこともたくさん思い浮かびます。自然体の自分で、一歩ずつ行動を起こしていこう、そう決意したのです。

あり方を整え、行動を起こす。兎角私たちは、何をするのか、何を言うのかを中心に考えがちですが、自分がどんな心の状態・あり方で臨むのかを忘れがちです。どんなに素晴らしい言葉を並べ立てても、私たちのあり方が不自然だと、意図したインパクトを起こせないものです。逆に心の準備ばかりに気をとられ、一歩踏み出して行動を起こさないと、自分本来の影響力を発揮することができません。このツイン・エネルギーは、自分らしいあり方で行動を起こすことの大切さを私たちに呼びかけているのです。

◆ツイン・エネルギー⑤の問い

▼今日1日、「どんな自分」で過ごしたいですか。楽しむ人、真実に立ち上がる人。その自分を想像してみましょう。どんな気持ちで、どんな姿勢・歩き方・話し方をするでしょう。今日はその自分になりきって過ごしてみましょう。

▼自然体の自分とはどんな自分でしょうか。肩に力が入らず、楽に自然でいられる自分です。周囲であなたのことをよく知っている人に、その特徴を聞いてみるのも良いでしょう。その自然体の自分のあり方をいつでも思い出してください。あなたは他の誰にもなる必要がないことを知ってください。

▼やるべきことがたくさんある時こそ、少し間をとって、自分の心の状態を確認して

みましょう。今、どんな気持ちですか。身体の感覚はどうでしょう。自分の今について気づくことは、あなたにどんな利点をもたらしますか。

▼ずっとやりたかったことについて、最初の一歩を踏み出すとしたら、1週間以内に何をしますか。

▼行動を起こしたいけれど起こせない時、そこに自分なりの理由があるとしたら何ですか。その理由をよく見つめてみましょう。もしも恐れがあるのだとしたら、自分に今伝えたいことは何ですか。

▼今日1日、やることが浮かんだら、間髪をいれずに行動してみましょう。考えずに行動してみると、何を得られますか。

ツイン・エネルギー⑥

【内省する・前進する】

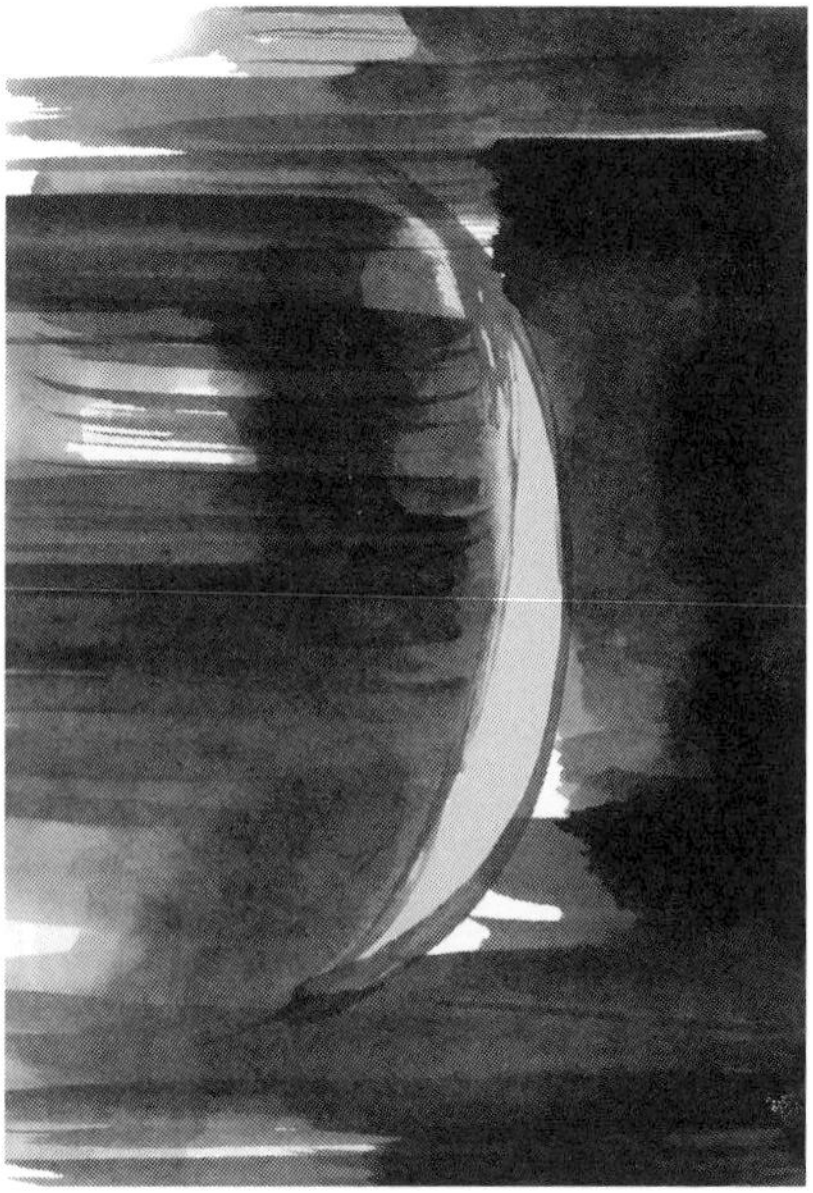

月は、暗黒の静けさの中で、幻想的にその存在をひっそりと漂わせます。この絵に描かれた月は、今にも雲に隠れようとしながら、私たちの心を引き込む引力をもっています。頭で考えることを止め、ただただ静かに月を見ていたい、そんな気持ちになることはありませんか。

月は、内省することについて多くのことを教えてくれる存在です。外側で起こっている様々なことから、意識をすっと月という存在に向けさせてくれるのです。その時、私たちは一瞬で自分ひとりの空間に入り込み、静けさの中でポツンとただ「在る」ことが可能になります。月の形は、一瞬一瞬変わります。雲に隠れたり、また出てきたり、放つ光の色が雲の具合によって変わったり。月を見ていると、「今」というこの瞬間が、一瞬一瞬変わりゆき、いかに豊かであるのかを知ることができます。

私たちは、日頃、やることに追われ、朝から晩まで外側に意識を向け続けることが多いものです。ゆっくりと自分の内側に意識を向け、今という時間にチューニングする時間がなかなかない、という人も多いのではないでしょうか。ほんの少しでも立ち止まり、自分に意識を向けることは、時として、私たちの心を救う働きをもたらします。忙しい最中に、何も考えない時間を少しだけ自分に許すのも良いでしょう。何かを悔やんで頭がいっぱいな時、考えていることを書き出して呼吸に意識を向けてみることもできます。内省は、自分の心を落ち着け、静けさとつながることを助けます。延いては、自分の感情やエネルギーを整え、ありたい自分になることを導いてくれます。

内省すること――それは、私たちが自分という神秘とつながることを可能にする女性性の力です。更には、自分を超えて今という時間とつながること、無限に広がる宇宙とつながり、より高次の自分を生きることを助けます。

内省は、私たちを神秘へとつなぐガイドです。

この内省と対になるのが、前進です。こ

の馬は、どこに向かって走っているのでしょうか。全速力で、わき目もふらず、前へ前へとものすごい勢いで走っています。こんな風に走ったら、必ず目指すゴールにたどり着くことができるでしょう。

もしもあなたが、「これまでの人生で一番嬉しかったことは何ですか？」と問われたら、なんと答えるでしょうか。ゴールに向かって全力で努力した経験をあげる人は、実に多いものです。その途中で苦労があればあるほど、その歓びはひとしおです。それがチームで推し進めたこととなると、仲間との絆が生まれ、歓びは倍増することでしょう。私たちは、馬のようにゴールに向かってエネルギーを集中させ、何があってもやりきる！と強い気持ちで最後までがんばる時があります。沸き上がるようなエネルギーがある時、私たちは、想像以上の力を発揮し、不可能と言われるようなことでも成し遂げられるのです。

前に進む経験は、私たちに自信を与えます。皆で力を合わせたらライバル校に勝つことができた。あきらめずに臨んだら難しい顧客とのビジネスを獲得できた。こうしたがんばりによって何かを得た経験は、自信となり、その後の人生にも大きく影響するものです。あの体験を乗り切ったから、今回もあきらめずにできるはず。そうやって、私たちは、一つひとつ自信をつけて、前に進んでゆくものです。

前進するという男性性は、私たちが成長し、充実感や自信をもたらすことを支援します。どんなに難しそうに見えても、きっとできる、あきらめるな、そんな声をかけて叱咤激励してくれる存在です。

あきらめずに進むバイタリティが、あなたの中に眠っています。

◆ツイン・エネルギーとしての働き

内省し、前進する。このツイン・エネルギーは、内省して自分とつながり、活力を補充した上で、前に進む大切さを伝えています。挫折があったとしても自分に立ち戻って学びを振り返れば、再び前進することができるというメッセージをもっています。そういう意味で、このツイン・エネルギーは、私たちの成長を強く支援するものです。どんな失敗も成長の糧になることを知り、成長のスパイラルを加速させるのです。

◆スミレの物語

スミレはYouTuberです。立ち上げからまだ数か月ですが、あっという間にチャンネル登録者が増え、あれよあれよという間に多額の収入を得ることになった事態に、スミレはただただ驚いていました。長く主婦だったスミレは、こんなにも短期間にたくさんの人とつながり、会ったこともない人たちが自分を励ましてくれている、その奇跡が嬉しくてたまらなかったのです。スミレは、日々の生活を毎日アップしました。得意だったパンづくり、そうじ、趣味のガーデニングの様子など。何気ない毎日でしたが、なぜか多くの人がスミレの暮らしぶりに興味を持ってくれたのです。スミレはこれまで感じたことのない充実した毎日を送るようになりました。ところがその気持ちは長く続きませんでした。しばらくすると、スミレは悩み始めます。似たような内容のYouTuberが増えてきたせいか、チャンネル登録者数も一時のような勢いはピタっと止まり、すぐに収入にも跳ね返ってきたのです。どうしたら登録者数を増やすことができるんだろう。スミレの頭はその思いでいっぱいになってゆきます。人気YouTuberの動画を見ては研究する毎日が始まります。もっと良い画像が撮影できたらと機材も揃えてゆきます。寝る間も惜しんでYouTubeのコンテンツづくり、撮影に励みます。もっと魅力的なYouTubeにしなければ、登録者数を増やさなければ。もっと、もっと。スミレの頭はその意識でいっぱいになります。一方で、スミレの家族はそのしわ寄せを味わっていました。これまで家族に尽くすことを第一にしてきたスミレが変わってしまったからです。楽しみだったスミレの料理は適当になり、部屋が散らかってもお構いなしになってしまったことに、家族はみんな寂しさを感じていたのです。ただ、それ以上に心配だったのは、スミレが体を壊してしまうのではないかということでした。案の定スミレの顔色はどんどん悪くなり、疲れ切っていることは一目瞭然だったのです。それでもスミレは休みませんでした。初めて掴んだチャンスなのです。ファンの人たちを失いたくない。そう思い、歯を食いしばってがんばったのです。しかし、そんな無理が長く続くはずもありません。スミレの体は悲鳴を上げ、遂には、病院で点滴を受けることになってしまったのです。

YouTube をしばらく休むことになったスミレは、少なからずほっとしていました。今から思うと自分はどうかしていた、そんな風に感じたのです。医者から何もしないで休むよう告げられたスミレは、もうこれで楽になって良いんだ、そう安堵してひたすら眠り続けたのでした。しばらくして体調も戻ったスミレは、少しずつ落ち着きを取り戻す中、自問自答し始めます。すべては一体何のために起こったんだろう、これから私はどうなっていくんだろう。答えのない思いと不安がどんどん沸き上がってきます。そうやって、長い間スミレは悶々とした日々を送るのでした。不思議なことに、そのスミレの心を落ち着かせたのが料理でした。音のない世界で手を動かす中、心は少しずつ穏やかになっていったのです。あれこれ考えていた雑念が消え、今、目の前にある食材に意識を向けることができたのです。そして、この平凡な日常の中に自分の幸せがある、そんな風に感じるようになってゆきます。料理の最中に、ふと大事なメッセージを受け取ることもありました。大好きな料理をする時間――それがスミレにとって内省の時間であり、自分との対話ができる方法だったのです。スミレは悟りました。静かに自分とつながる時間は本当に大切。こうやってちゃんと立ち止まって充電すれば、また前に進む気力もきっとでてくるはずだから。しばらくしてスミレはYouTubeを再開しますが、自分のペースを崩すことは決してありませんでした。焦らなくても大丈夫。必要な人がきっと見てくれるはず。そう信頼するスミレがいたのです。

内省して前進すること。このバランスを崩し、前進することばかりに気をとられると、スミレのように焦りから自分を追い込んでしまうことがあります。逆に、立ち止まって考えこんでばかりいると、状態が停滞し、1つの場所から動けなくなってしまうこともあります。このツイン・エネルギーは、緩急をつけることの大切さを私たちに伝えています。内省をして学びを振り返ったり、活力を蓄えたりし、その上で前進することが必要だと。それが、私たちの健全な状態を保ち、継続的に成長をする上でいかに重要かを伝えています。

◆ツイン・エネルギー⑥の問い

▼あなたなりの方法で、心を無にして自分とつながる方法を見つけてみましょう。座って行う瞑想かもしれません。散歩かもしれません。日記を書くことかもしれません。あるいは書道をしたり編み物をしたりすることかもしれません。自分なりの内省を習慣化しましょう。1か月続けると、自分にどんな変化があるか、気づいてみてください。

▼もしもあなたががんばりすぎて疲れているとしたら、一度立ち止まってみましょう。何のためにそこまでがんばっているのでしょう。自分に今一番必要なことは何でしょう。

▼立ち止まることに恐れがあるという人もいます。何を恐れていますか。その自分に対して何と声をかけたいですか。

▼これまでの人生の中で、あなたが一番がんばったのは、どんな時でしたか。何が原動力だったのでしょうか。やり遂げた時どんな気持ちでしたか。また、その経験から、あなたは何を得たのでしょうか。

▼何か目標があるのだとしたら、それを達成した時にどんなご褒美を自分に与えたいですか。目標を半分達成したら○○を、全部達成したら○○をと、前進した自分を讃えてみましょう。

▼前進して最後までやりぬくこと。それが難しい場合、何が障害となっていますか。本当は前に進みたいのにできないのだとしたら、壁となっていることを明確にしてみましょう。その壁に対して、どう対処したいですか。

ツイン・エネルギー⑦

【ゆだねる・責任を果たす】

この人は、なんとも気持ちよさそうに、大地に身をゆだねています。身体の力をぬいて、すべてを信頼し、自分の体を大地に預けています。こんな風に自分をゆだねることができたら、何が可能になるのでしょう。

この絵の人物のように、誰かにもっとゆだねてみたいと感じたことはありますか。また、その相手は誰でしょう。私たちは、毎日、本当にがんばっているはずです。家事、仕事、勉強など。誰かの期待に応え、責任をしっかりと果たしているのではないでしょうか。そんな中、この人物のように、抱えているものをほんの少し手放して、誰かにゆだねてみることも大切なことです。ゆだねてお願いする、相談する、助けてもらう。もしかすると、怖くてできないという人もいるでしょう。そんなことをしても、期待していたものは返ってこないに決まっている。信頼しても裏切られるかもしれない。かえって傷つくのでは。そんな声に負けて、私たちは、また荷物を背負って1人で歩いていくことを選択することがあります。ゆだねるという女性性は、そんな私たちに、優しく寄り添い、信頼して手放すことを促してくれる存在です。その先に、決して1人ではない世界が広がっていることを囁いてくれているのです。

ゆだねる相手は、人だけではありません。時の流れ、自然の力、宇宙の大きさなど、目に見えないものにゆだねることの尊さを、この女性性は知っています。本当に困った時に、自分で考えることを止め、自分よりも大きな何かを信頼して、答えや行く先をゆだねるのです。これは、あきらめることとは違います。最良の結果が得られることを、心の深いところで信頼して、導かれることを選択するのです。人がこうした状態になる時、心配や恐れを手放すことができ、とても清らかでくつろいだ自分を感じます。何よりも、自分の頭で考えた道よりも、予定調和を超えた最適な場所にたどり着けることがよくあります。ゆだねるという女性性は、私たちを、未知の世界に導く力ともいえます。

あなたが信頼してゆだねる時、思わぬ宝物に巡り合います。

このゆだねるという質と対になるのが、責任を果たす力です。大きな責任を果たし、何かを成し遂げた時、本当に嬉しいものです。この絵の人々のように、山の頂上にたって旗を振りたい気持ちになるかもしれません。それが、何人かで助け合ってやり遂げた結果であれば、歓びもひとしおではないでしょうか。

責任を果たすという男性性は、私たちを救ってくれます。組織で何らかの不祥事が起こった時、トップの人が責任をとって謝り、事を収めてくれたとしたら、メンバーはどれだけ守られたような気持ちになるでしょう。責任を果たすために、必要なことを見定め、事を起こすこと――これは、時に勇気がいることですが、多くの人を救う、かけがえのない男性性です。逆に、この男性性がないと、問題が起こっても誰も始末をすることがないため、そこにいるメンバーは、安心できず、不平不満がたまってゆくかもしれません。責任を果たすという男性性は、まさに、私たちに安心をもたらす頼りがいのある存在なのです。

しかし、責任を果たす、という言葉にネガティブな気持ちをもつ人もいるかもしれません。自分の意に反してやらなければならない、嫌でも我慢して成し遂げなければならない、といった印象をもたらすことがあるからです。この男性性は、私たちに問いかけています。義務ではなく、本当に自分が果たしたい責任とはいったい何なのかと。それは、自分がやりたいから果たす責任です。家族を守ることかもしれません。やりたいから立ち上げたプロジェクトかもしれません。そうした責任を果たす時、私たちは、少しくらいの困難があっても逃げずにやり遂げようとするのではないでしょうか。責任を果たすという男性性は、私たちがとりたい責任、本当にとるべき責任は何か、常に問いかけているのです。

あなたにしか果たせない責任があるはずです。

◆ツイン・エネルギーとしての働き

ゆだねて責任を果たす。このツイン・エネルギーは、一見、反対の要素をもっているように感じられるかもしれませんが、2つは互いに協力しながら、私たちがより大きなことを成し遂げることを手伝ってくれます。本当にやりたいことに立ち上がり、その責任を果たすこと。その過程で、人を信頼して任せ、自分を超えたものにゆだねることを支援してくれるのです。このツイン・エネルギーは、その両方がうまく調和された時、思ってもみなかった領域に辿り着くことを助けてくれます。

◆結月の物語

結月は、頼りない上司に不満を抱えていました。何でも丸投げし、問題が起きても知らんぷりな上司に、結月は飽き飽きしていたのです。一体全体、仕事を何だと思っているのよ。誰がこの部署の責任者なのよ。そんな思いを抱えながら、日々結月はがんばっていました。同時に、上司の代わりとなって様々な決断をする結月は、メンバーから頼りになる存在として慕われていました。結月がいることでこの部署は成り立っている、誰もがそう思っていたのです。そんなある日、メンバーの1人が大失敗を犯してしまいます。大口顧客との案件で、あり得ないミスをしてしまったのです。ひたすら謝ってくるメンバーの話を聞きながら、彼だけに任せておいた自分にも非があったと結月は深く反省します。でも、今はとにかく部署をあげてなんとかしないと。そう思った結月は、すぐに上司に事態を報告し、一緒に顧客のところに謝りに行ってほしい、と必死に助けを求めたのです。すると、上司から驚くような言葉が返ってきます。なぜ彼のミスを事前に見つけられなかったんだ。監督不行届きだったお前に責任があると。はあ？　結月は、内心ブチ切れます。普段はな〜んにもしないくせに、こういう時だけ上司面しちゃって何なのよ！　思わず心の中で叫びますが、言葉がでてきません。なぜなら、責任は私にある――そう自分でも思っていたため、それをはっきり指摘され、胸が締めつけられるような思いになったからです。それでも、すぐになんとかしなければ事態は最悪の結末を迎えてしまう――そう思った結月は、上司の言葉を聞き流し、どうか一緒に顧客のところに謝りに行ってほしい、そう懇願したのでした。その後、なんとか上司と顧客のところに謝りに行き、ことなきを得た結月は、ようやくほっとすることができ、肩の荷がおりたような気持ちになったのです。一方で、この事件の後、結月は変わりました。誰も頼れないいんだ。自分がすべての責任を負わなければ。それが結月の決意となったのです。結月は、一層気を引き締め、メンバーのやることを細かくチェックし、決して間違いのないように、と力を入れて仕事をするようになっていきました。

そんなある日、メンバーの1人が、ぽつりと言いました。いつもがんばっている結月に感謝していると。もっと結月を助けられたら良いのに。もっと任せてくれたら、皆でがんばってなんとかすると。ふいをつかれた結月は、言葉がでません。メンバーの優しい言葉にふっと肩の力がぬけたのです。確かに大変だったな――そう気づき、涙が出そうでした。何をどんな風に任せたら良いのかもわかりません。けれど、メンバーの言葉が結月には嬉しかったのです。そして心身ともに疲れ果てていた自分にも気づきます。翌日からこのメンバーを中心に、どんな風に一緒に働けるか、話し合いを始めます。結月を慕っていたメンバーたちは、思った以上に頼もしく、省いても良いプロセスや、もっとできること・やりたいことをそれぞれが提案してくれました。いつの間に、皆こんなに成長していたんだろう。結月はそう思います。そして、思い切ってもっと多くを任せることに決めるのです。もちろん、それは結月にとって簡単なことではありませんでした。任せたはずなのに心配になって手をだし過ぎたり、ここぞという時にフォローを忘れたりと、数々の失敗を結月は体験します。その経験を経て、結月は自分に言い聞かせていきます。信頼して任せれば任せるほど、どんどん彼らは頼もしくなってゆく。私は彼らをサポートすれば良い。そして何かあった時にはちゃんと支えよう。

ゆだねて責任を果たす。このツイン・エネルギーのバランスが崩れると、責任を1人背負って辛い体験をすることがあります。逆に自分が責任を負わずにゆだねすぎると、周囲に迷惑をかけたり、事を悪化させたりすることもあります。このツイン・エネルギーは、周囲の人や目に見えない流れを信頼してゆだねる大切さを伝えています。また、ゆだねっぱなしにするのではなく、ここぞという時には自分の責任を果たす、という強さをもつことも暗示しています。この調和を取り戻すことで物事がスムーズに進み、周囲の人と一緒に大きな成果をあげることが可能になります。

◆ツイン・エネルギー⑦の問い

▼ゆだねるという言葉を聞いて、どんなことをイメージしますか。自分が何かにゆだねていることを想像してみてください。相手は、人でも、自然や大いなるものといった目に見えないものでも構いません。ゆだねることであなたが得られることは何ですか。

▼またゆだねるイメージをもった時に、何らかの恐れがあるとしたら、それは何でしょうか。自分に伝えてあげたいことは何ですか。

▼あなたが今、何らかの責任を果たしているのだとしたら、その自分を振り返ってみてください。どんなことに気づきますか。がんばりすぎて重荷を1人背負っていたり、心配から人にプレッシャーを与えたりしていませんか。誰かに助けを求められるとしたら、今、誰にどんな助けを求めたいですか。

▼長期的な視点にたって自分を見つめなおしてみましょう。あなたが本当に果たした

い責任は何ですか。あなたにとって、なぜそれが大事なのでしょう。その責任を果たせたとしたら、何を得ることができますか。

▼あなたが人に頼りすぎる、ゆだねすぎる傾向にあるとしたら、そのことからあなたは何を失っていますか。その自分を変えたいのだとしたら、すぐにできる小さなアクションは何ですか。

▼責任を果たすことにあまり気がすすまない場合、「責任を果たす」を、あなたの好きな言葉に言い換えるとしたら、どんな言葉になりますか。

ツイン・エネルギー⑧
【循環を尊重する・拡大に価値をおく】

スパイラルのようなこのイメージには、始まりがあり、くるくると回って終わりに辿り着くプロセスがあるように見えます。この絵は、私たちのもつ女性性について何を伝えてくれているのでしょうか。

このスパイラルの絵は、時間というパートナーと共に生きる大切さを教えています。朝昼晩。そして春夏秋冬。私たちは、日々、こうした循環の中に暮らしています。そして、その循環は永遠に繰り返されています。農家の方々は、こうした自然の循環に常に耳を傾け、仕事をしていると言えるのではないでしょうか。正しい時に種をまき、育て、時がきたら収穫してまた次の時を待つのです。自然は、私たちに伝えています。何事にもタイミングがあり、そのタイミングに耳を澄ますのですよと。そして、それを察知するのが、私たちの中の女性性です。

私たちは、時にこのタイミングというものを無視して、事を起こしたり、走り続けたりすることがあります。何をやってもうまくいかない時に、どうしても必要だからと、物事を進めてなんとかやり遂げようと無理をしたことはないでしょうか。ゆっくりと考えを温める時なのに、たくさんの人に広めることに躍起になったことはないでしょうか。結果が優先される中、私たちは、身体が感じるタイミングを無視して、走り続けなければならず、苦しい思いをするものです。その結果、思っていた通りに進まず、イライラしたり、不安になったりすることは、誰でも一度は経験しているのではないでしょうか。

循環を尊重するという女性性は、そうした私たちに警告を鳴らす存在です。起こることにはすべてタイミングがあり、そのタイミングは常に完璧であると。この女性性は、その完璧さを信頼することを伝えています。心からくつろいでいれば良い、時が必要なことを起こしてくれるから。そうやさしく囁いているのです。

あなたは、必要な時に必要なことが起こることを知っています。

一方で、適切なタイミングが来ると、積み重ねてきたことは、自然に拡大のモードに入ります。この絵には、ある一点から四方八方に広がる線が扇のように描かれています。一つひとつの線には勢いがあり、のびのびと広がろうとしています。

この絵のように、自然は、循環を繰り返しながらも、時がくると拡大することに取り組みます。子孫を残そうと、一本の植物はどんどん増えていこうとするものです。子孫を残す意識は動物や私たち人間にも当然あり、家系を絶やさないようにしたいと思うことは、1つの自然現象と言えるのかもしれません。良いアイデアや商品を少しでも多くの人たちに広めたいと願うことも、私たちの中にある自然な意識かもしれません。拡大を尊重するという男性性は、この意識に応えるもので、大切なものを継承し、残して広げていくという力です。これは、私たちの中に息づく、本

能的なあり方といえます。

私たちは、時に、何らかの事情から、拡大を選ばないことがあります。子孫を残すという意味では、子供をあえて持たないという選択もあるでしょう。また、素晴らしい考え、智慧、作品も、いくら周囲がもっと世に広まったら良いのにと思っても、作り手は、広めることに価値をもたないということもあるでしょう。それが自分の価値観に沿わない場合は、もちろん自由に選択すべきであり、様々な考え方があって良いはずです。同時に私たちは、何らかの恐れから拡大することを選ばないこともあります。自分がやっていることなど広める価値がない、などといった気持ちが、拡大を阻止することもあるのです。

拡大に価値をおくという男性性は、私たちが本来もつ拡大しようとする意識を後押しする力といえます。良いものは伝え残し、広めていく、という意識が私たちの中には存在しています。自分の価値観や状況を尊重しながらも、本当に流れがきた時には逆らわずに拡大することーーそれを支援するのがこの男性性です。

あなたは、良きことを伝え残し、広める、伝道者です。

◆ツイン・エネルギーとしての働き

循環を尊重し、拡大に価値をおく。このツイン・エネルギーの調和がとれると、何事もベストなタイミングで起こってゆくことがサポートされます。事を起こす時、前に進む時、立ち止まる時、拡大する時。このツイン・エネルギーは、時の流れを感知し、自然に物事を起こしてゆきます。そして、本当に良きことが、人々に広まり、受け継がれていくことを支援します。

◆正人の物語

正人は、町で評判のパン職人です。正人がつくったパンを、小さな店で妻の美乃梨が売る。その二人三脚で、２人は今日までやってきました。正人がつくるパンは、その美味しさから地域で評判となり、店の前にはいつも長い列ができ、開店と同時に完売になるほどでした。正人は独学でパンの作り方を学び、失敗を繰り返しながら、今の美味しさに辿り着いたのです。材料に拘ることに加え、正人はある信念を持っていました。それは、一つひとつのパンは自分の子供だと思って愛情を込める、ということです。込めると違うんだ……。多くを語ることをしない正人でしたが、ふとした時にぽつりとつぶやくのでした。その思いをよく知る美乃梨は、正人を誇りに思い、自分も一つひとつのパンを大切にお客様に手渡そう、そう思って一生懸命働いていたのです。そんなある日、美乃梨の友人が、ある話をもちかけてきます。ネットで売り出してみたら良いのにと。広告代理店で働くその友人は、これなら他と十分に差別化できるし、宣伝次第では売上も相当上がるはず――そういうのです。すぐに拒否反応を示したのは正人でした。うちは売上のためにやってるんじゃないんだ。毎日遠方から来てくれる常連さんがいるからこそ、うちは成り立っているんだ。第一、これ以上たくさん作れるはずはない。思いが強い正人は、いつになく感情的になったのです。美乃梨は何も言いませんでした。正人の気持ちがよくわかったからです。ところが、その後も友人は忘れた頃にやってきては、やってみたら良いのに、とけしかけてくるのでした。美乃梨は、複雑な気持ちになってゆきます。友人の話を聞くうちに、やっても良いのでは、という気持ちが芽生えてきたからです。このパンは人を幸せな気持ちにする――そう言ってくれた友人の言葉が頭から離れなかったのです。これほど嬉しい言葉はありません。ずっと誇りに思ってきた正人がつくるパンが、たくさんの人に幸せを届けるのだとしたらやってみたい、そう思ったのです。友人は、こうも言いました。たくさん作れないんだったら、1年待ち、2年待ちにしたって良いじゃないと。その後押しに、美乃梨はやっぱりやりたい！　そう思い、意を決して正人と話してみることにします。嫌だって言っただろう！　正人はすぐに美乃梨の提案をはねのけました。今のペースを壊されたくないんだ。一つひとつ丁寧につくりたいんだ。正人の答えはわかっていましたが、美乃梨はあきらめずに伝えます。正人のこだわりはこれからも守れること、何よりも、多くの人に幸せを届けられること。それからというもの、正人は1人悩みもがく日々を送るようになります。なぜなら、美乃梨との話し合いを続けるうちに、どうしてこんなに自分が頑なになってしまうのか、よくわからなくなってきたからです。美乃梨の言うことは、まんざら悪い話ではなさそうに思えてきました。けれど、慎ましやかにやってきたのに、そうできなくなってしまうことが嫌だったのです。それはまるで、陰にいた自分が日向に出なければならないような気がして、なんとなく怖い――そう感じていたのです。そんな気持ちをうまく言葉にすることもできず、正人は、ただただ心の中で葛藤していました。そんな正人の背中を押したのは、いつもやってくる常連さんでした。正人のパンを愛して止まない近所の常連さんが、噂を聞きつけやってきたのです。そして、やってみれば良いじゃない、そうあっさり言ったのです。こんなに美味しいんだからやったほうが良いよ、たくさんの人たちに歓んでもらえるはずだから。ただ自分の分もちゃんと残しておいてね、そう言い添えることも忘れませんでした。常連さんの言葉は、応援の気持ちに満ちていました。正人は、その気持ちが有難いと感じます。そしてこの常連さんとのやりとりが、正人の重い心を少し溶かしたのです。正人はその後も考え続けますが、ほどなく、この流れを信頼してやってみよう――そう思うのでした。その後、ネット販売されたパンは、3年待ちともいわれるほど評判を生んでゆきます。正人のこだわりがつまったパンは、遠くに住む人々の心にも温かさを届けたのです。

循環を尊重し、拡大に価値をおく。私たちは、正人のように、大切に作り上げてきたものを広く知らしめることに抵抗感を持つことがあります。それでも拡大するタイミングを迎える時、このツイン・エネルギーは、やさしく支援してくれます。逆に、時期尚早で準備が整わない中で拡大しようとする場合、バッサリと行く手を阻むこともあります。時の流れを信頼し、正しい時に正しいことが起こることを、このツイン・エネルギーは導くのです。

◆ツイン・エネルギー⑧の問い

▼あなたが取り組んでいることを、春夏秋冬という季節で見てみると、今、どんな季節にあると感じますか？　今の活動の進め方やペースが、その季節と合っていますか？　もし合っていないとしたら、何を変えたいですか？

▼春夏秋冬というサイクルについて、一つひとつ、その価値と恩恵は何か、あなたなりに考えてみましょう。

▼あなたにとって循環を尊重するとは、どんな意味ですか。

▼今やっていることを伝え広めると、どんな良いことが起こりますか。あなたにとって、人々にとって、その両方の視点で考えてみましょう。

▼拡大することについて、もしあなたの中に恐怖があるのだとしたら、それは、どんな恐怖ですか。その恐れによって拡大しないことを選ぶ時、あなたは何を失いますか。

▼拡大することをあえて選ばないとしたら、それはなぜですか？　あなたの中のどんな価値観を尊重したいのでしょうか。

見えないものと形あるもの

これからご紹介する４つのツイン・エネルギーは、共通の性質をもっています。それは、目に見えないものに意識を向ける女性性の質と、形あるものに価値を見いだす男性性の質です。

ツイン・エネルギー⑨
【傾聴する・表現する】

このうさぎは、一点を見つめ、何かに全神経を集中させ、耳をそばだてているように見えます。一体、何に耳を傾けているのでしょうか。

本当につらい時、誰かが、このうさぎのように、自分の話を一語一句聞き漏らさぬよう、全身全霊で聞いてくれたとしたら、どんな気持ちになりますか。そして、言葉にはならない心の奥にある気持ちをも理解しようとしてくれたなら、何が可能になるのでしょう。それだけでずっと悩んでいたことが嘘のように心が晴れたり、前に進む勇気を手にしたりすることができるのではないでしょうか。傾聴は、私たちの中に眠る女性性の愛情深い力です。人に安心感や気づきをもたらす、天からの贈り物と言える力です。

しかし、傾聴の本当の意味は、これに留まりません。私たちは、時に他の人の声を遮断して、自分の心の奥にある自分の声を聴くことが必要です。本当はやってみたい、本当は寂しかった、本当は腹が立っている、本当は……。私たちは、他の人の声や常識に耳を傾けることに忙しすぎて、自分の声を聴いてあげることをおざなりにしがちです。気がつくと、他の人が正しいように思いこみ、自分の人生を手放して、心に穴がぽっかりあいたように感じることがあります。自分の心の声を聴く、という力強い女性性のパワーが、私たちには備わっています。その力は、自分の声を聴こうと、うさぎのようにいつも耳をそばだてて忍耐強く待っているのです。

また、自然の声を聴くことは、私たちに多くを与えてくれます。行き詰っている時、ふと聞こえてくる鳥のさえずりや、葉っぱが風でなびく音などは、私たちに何かを語りかけてくれているはずです。また、雲の流れや目の前で咲く花がメッセージを伝えてくれることもあります。私たちが、聴くことを自分に許すと、いつでも自分への大切なメッセージを受け取ることができるのです。

傾聴は、あなたを真実につなぐ、愛情に満ちた力です。

一方で、私たちは傾聴するからこそ、感じたことや気づいたことを表現したくなるものです。この絵の3人組は、なんとも楽し気に音楽を奏でています。こんなにイキイキと楽しそうな演

奏者の音楽に触れる時、こちらもワクワクしたり、心が癒されたりするのではないでしょうか。

私たちが心から表現したいことを、思い切り表現する時、心が躍るような歓びを感じたり、充実感で心が満たされたりするものです。表現は、音楽を奏でたり、ダンスで自分を表現したり、絵を描いたりと様々です。もちろん、思いを言葉で伝えることや、文章にすることも私たちの大事な表現です。こうした表現は、自分の心に言い知れぬ充実感を時に与えます。また、受け取った人も感動したり、救われたような思いになったりと、表現がもたらすギフトは計り知れないものです。この表現するという男性性は、私たちが自分を思い切り生きる上で、欠かせない力と言えます。

表現することには、更に奥深いギフトが潜んでいます。私たちは、人生の中でずっと言えなかったこと、表現できなかったことを、思い切って外にだすことがあります。恥ずかしいから、批判されるから、という恐れから、長く心の奥にためこんできた声は誰にでもあるものです。その表現は、とても勇気がいるものですが、何かのきっかけで、思いを伝えられたり、表現できたりした時、私たちは思った以上の恩恵をうけることがあります。それはまるで、重い荷物がやっとおろせたような感覚や、ずっと止まっていたエネルギーがやっと動きだすような気持ちかもしれません。

また表現は、新しい創造を生み出します。この世になかった芸術作品、新しいビジネスなど。そして、本当に人の心に響く創造の多くは、自分を超えた大衆の意識や、大いなるものとつながって表現されるものです。自分を媒体にし、何かが表現されることをゆるすことで可能になるのです。表現は、まさに新しい創造を生み出すために必要な男性性です。

あなたは、彩りある世界を生み出す表現者です。

◆ツイン・エネルギーとしての働き

傾聴して表現する。このツイン・エネルギーのバランスが整うと、自分の心の声を聴き、自分を超えたものとつながって、自己表現することが可能になります。結果として自分なりの貢献を世の中にもたらすことを助けます。また、人間関係の中で滞っていたエネルギーを浄化し、真実の関係を築くことも可能にします。

◆陽子の物語

陽子は、人当りが良く、控えめです。聞き上手でいつも人からの相談には親身になってのるため、頼りになる存在として誰からも慕われていました。そんな陽子の悩みは、自分で自分のことが好きになれない、というものでした。どんなに人から好かれていようとも、自分では自分の良さを受け入れられなかったのです。その悩みは深く陽子を苦しめていたため、なんとかしたいと思っていたものの、自分ではどうすることもできないままでいました。ある時、コーチングを受けることになった陽子は、その原因が、自分で自分の心の声を聴いてあげていなかったことにあると気づきます。長い間、友人や家族の声を聴き、彼らに尽くすことを無意識で選択し、そのことによって自分のアイデンティティを確立していたのです。気が付いてみると、自分が感じること・自分がやりたいことに耳を澄ます回路を自分の中で断ち、「人が喜ぶこと＝自分」としていたのです。そして、つらい気づきではありましたが、今の自分は、本当の自分ではない、ということを知るのです。陽子は、心の奥で「自分の声を聴いて大切にすると、人から嫌われてしまい自分は1人になる」という、根拠のない幻想を信じていました。このことに気づくことは、陽子をとても辛い気持ちにさせましたが、同時に、強い決意を生むことへと導きます。陽子は、自分の声を聴くこと、そしてその声を大事に生きることを初めて決めたのです。早速陽子は、毎日時間をとって自分の心の声に耳を傾ける、という練習を始めます。しかしこれは陽子にとって簡単なことではありませんでした。自分が何を感じているのか、何を望んでいるのか、全くわからなくなっていたのです。自分の心に耳を傾けること――それはまるでこれまで断ってきた回路を取り戻すようなプロセスだったのです。これに取り組むことで、陽子は、思った以上に様々なことを本当は感じていることに気づき始めます。相手に同意できないこと、傷ついた気持ち、本当は伝えたいこと、腹立たしい気持ちなど――。一見ネガティブとも言えるこうした声に気づくことは、陽子を驚かせ、初めはすぐに打ち消したい衝動にかられました。けれども、こうした心に潜む生々しい声は、まぎれもなく自分の声であり、それを自分で聴いてあげること、受け止めてあげることは、陽子にとって心が落ち着くような体験でもありました。そして、一見ネガティブに思える声の更にその奥に、相手に対する愛情があること、自分を思いやる気持ちがあることにも、陽子は気づいてゆきます。

コーチングを受ける中で、陽子は、自分の中のもう1つの恐れを克服することに挑戦し始めます。それは、相手に嫌われたとしても、自分の真実の声を伝える、表現する、というものでした。これまでどんな時も人を受け入れてきた陽子にとって、自分の本当の気持ちを――特にそれが言いにくいことである場合――表現して伝えることは恐怖以外の何物でもありませんでした。それでも、一歩一歩、少しずつ挑戦していくと、陽子はあることに気づきます。相手は陽子を嫌いになるどころか、「ありがとう」とお礼を言ったりするのです。1人になるどころか、以前よりも親しい関係になることを陽子は体験したのです。もちろん、ぎくしゃくすることも体験しましたが、陽子は、真実を生きることの歓びを実感していったのです。そして何よりも、自分のことを好きになっていたのです。「自分の本当の声を聴いて表現すると、自分と人との間に親密さが生まれる」これが、陽子の新しい考え方になっていきました。

傾聴することと表現すること。このツイン・エネルギーのバランスを整えることは、自分の古い考え方を手放す必要があるため、勇気がいることかもしれません。その優しさから人のために人生を生き、自分の声を聴く回路を断ってしまった人もいるでしょう。人との会話の中で沈黙が怖く、表面的に言葉を埋めて話し続けてきたという人もいるでしょう。また、何らかの理由で自分を表現することは許されないと感じてしまい、幼い時に表現するという男性性を封印してしまうこともあります。このツイン・エネルギーのバランスを取り戻すことは、本当の自分を生きること、人との関係を深めること、新しい何かを生み出すことを可能にします。

◆ツイン・エネルギー⑨の問い

▼1日の中で、自分の声を聴く時間を必ずとりましょう。言うべきこと・やるべきこ

とが思い浮かんだら、それは自分の心の声ではない可能性があります。「○○するべき」という声の奥にある、あなたの本当の声に耳を澄まします。それはかすかに聞こえるような小さな声かもしれません。本当は○○したい、本当は悲しい、そんな声かもしれません。評価判断なく、ただ聴いてあげ、自分が自分の一番の理解者になることを始めてみてください。

▼人の話を聴く時、その人が本当に伝えたいこと・本当の気持ちは何だろう、と好奇心をもって耳を澄ましてみましょう。

▼自然の伝えるメッセージに耳を澄ましましょう。今日出逢った花、太陽、風は、あなたに何を伝えてくれていますか？

▼誰かに伝えられていないことはありますか？　相手に見せなくてもいいので手紙に書いてみるのも良いでしょう。その後、勇気をだして、本当に伝えたいことを伝えてみることに挑戦するのはいかがでしょうか。その後は、表現できた自分をほめて

あげてください。

▼あなたが密かにやってみたい表現は何ですか？　歌う、踊る、絵を描く、文章を書く、どんなことでも構いません。心の中に眠っている声に耳を澄ませ、思い切り、自由に、自分を解放し、表現してみましょう。

▼人に伝える大切な表現に取り組む時は、自分を超えたものとつながってみましょう。全体の意識とつながり、自分は媒体となって降りてきたものを表現してみると、自分でも驚くようなメッセージを伝えることになったり、新たなる創造を生み出すことになるかもしれません。

ツイン・エネルギー⑩
【直感的に感じとる・論理的に考える】

もしもこの絵が、今の自分に何かメッセージを告げているとしたら、それはどんなメッセージですか。こうした抽象画は、私たちの直感を刺激し、突拍子もない情報をもたらすものです。時として、それは驚くほど今の自分に必要なメッセージであったりするものです。

直感は、私たちを救うことがあります。乗るはずだった電車に、なんとなく乗らない方がいいような気がして別の電車を選んだら、前の電車が事故を起こしたことを知り、命が助かった、という人がいます。普段は全く興味のない類のイベントに今回は行った方がいいように思い、参加したら、運命の人に出逢ったということもあるでしょう。癌と宣告されたけれど、なんとなく違和感があって、別の病院に行ってみたら、全くの誤診だったということも。直感は、私たちの危機を救い、大切な情報をもたらしてくれる、人生に欠かせない、女神のような女性性ともいえます。

その力は、時代が変わる今、より一層、出番を待ち望まれています。これまでは、筋道の通っていないことは信頼してはいけない、直感で言われていることはなんとなく怪しいという風潮が、少なからず世の中にあったのではないでしょうか。先が見えなくなった今、過去の経験や実績だけを頼りにしても、物事が進まないことを私たちは経験しています。

そんな今、つじつまは合わなくとも、直感を頼りに次の一手を決めてみる勇気も必要です。直感を研ぎ澄ましてそれに従うことを私たちが始めたら、何が可能になるのでしょう。頭で考えると無理だと思うこともなんとなく惹かれるから行ってみる、流れと沿わないからやっぱり止めるなど、私たちの選択肢は広がるはずです。また、誰もやったことのない奇抜なアイデアが降ってくることもあるかもしれません。そんなことをしたら他の人はどう思うんだろう、反対されるに決まっているなど、いろいろ頭に浮かんでくるかもしれませんね。そんな時、直感という女神は、「大丈夫」と優しく伝えてくれるはずです。

直感は、本当の道を示す女神です。

この直感と対になるのが論理性です。この絵は、正確に動く機械の動作を私たちに見せ

てくれています。1つの歯車が回り、その動きが次の歯車に伝わり、次へ、次へと連動して一定のリズムで機械が動いていくのです。

人の頭の中にも、機械のように動く論理性が備わっています。情報を順序だてて整理し、理由付けて結論に至る——この能力を磨くことは、社会で人とコミュニケーションを図る時に、断然、有利です。結論とその具体的な根拠は何なのか。常に頭の中で整理して言語化できたら、受け取った相手はよく理解でき、心を動かしてくれる可能性も高まります。更には、論理性を磨くことで、より長期的な視点も身につき、戦略的にチームや組織をリードすることにもつながるでしょう。論理的に考える力は、私たち誰もがもっている男性性であり、職業によっては、欠かせない力ともいえます。

物事を見つめる時、高い視点から「なぜ」という問いを持つことが、助けになることがありますサイモン・シネックという人は、「なぜ」から始めることが、偉大なリーダーの特徴だと言っています。私たちは、普段、「何をどうするか」ということを語りがちですが、「なぜ」それをやるのかをしっかりと考え、軸を持つことが大事だということです。「なぜ」を人に伝えることで、それならばやってみたい、と人の心を動かすことに役立ちます。「なぜ」という問いは、自分自身のやる気を高める問いでもあります。「なぜ」今の仕事をやっているのか、つきつめて考えてみると、ああ、これは差別のない社会を創りたいからだ、親への恩返しの気持ちからだ、自分の深い願いに触れることにもなります。「なぜ」を考えると、自然に「何をどのように」やりたいのか、見えてくることにつながるものです。

論理的に考えることは、私たちに説得力をもたらす力強い男性性です。人のやる気を引き出したり、相手の心に訴えかけることを可能にするパワーです。

あなたは、説得力を兼ね備えたブレインです。

ツイン⑩

◆ツイン・エネルギーとしての働き

直感的に感じとり、論理的に考える。このツイン・エネルギーは、一見、相反して交わらない性質に見えますが、2つは補完しあって、適切な判断や新しい創造をすることを助けます。組織の経営者の方々は、直感と論理をバランスよく使っているようです。決断はもっぱら直感でするけれど、人に説明するために後から妥当性を示す証拠を探すという方は、意外に多いものです。更にこのツイン・エネルギーは、直感で新たなるアイデアを受け取り、現実となるよう情報を論理的に組み立てる、発明の応援者でもあります。

◆義男の物語

義男は、ある中小企業の役員です。彼の特徴は、光る論理性です。義男は、大学時代に英語部でディベート（討論会）の全国大会で優勝した経験を持っていました。4年間、様々な時事問題に対して、肯定側・否定側、そのどちらの立場からでも自在に論理を組み立て、相手を論破する力を鍛えぬいてきたのです。この能力は今でも健在です。組織のいろいろな問題へのアプローチ、社内外のプレゼンテーションなど、あらゆる場面で義男はその論理性から存在感を放ち、周囲から尊敬を集めていたのです。物事を結論づけるのは、検証データがあって初めて成り立つもの、それが義男の信念でした。同時に、周囲の人は、義男のことを恐れていました。根拠は何？　あいまいなことを言うと、そういってすぐにつっこまれるからです。義男と話す時は、情報を整理し、恐る恐るアプローチする——それがみんなの日課だったのです。

そんなある日、義男の部署に新入社員の女性が入ってきました。物おじせずはっきりものをいうタイプで、先見性と行動力に溢れる期待の新人です。彼女は、すぐに、社内の古いしきたりや問題を指摘し、改善を提案するようになります。必要のない会議が多すぎる。誰も使っていない社内SNSをもっと魅力あるものに変えて活用すれば済むこと。商品の売り方は若い起業家とどんどんコラボすればオッケー。オフィスが閑散としているから、才能を眠らせている美大アーティストにワクワクする絵を壁に描いてもらえば気分も上がるはず。彼女のアイデアは次から次へと溢れでてきました。古くからいる社員は戸惑いながらも、ずっと言えなかったことや、なるほどと思う奇抜な意見をズバズバ言う彼女を、みんな面白がっていたのです。当の義男は、葛藤を感じていました。彼女と話しても、いつもの自分のアプローチがどれも刺さらないように感じたからです。なぜそう思うんだ？　その効果は検証できるのか。そう彼女に聞いても、えっ？　なんとなくアイデアが降ってきただけ――としか答えは返ってきません。それでも、彼女の〝なんとなく〟のアイデアは、義男の心を惹きつけたのです。直感的・感覚的であること――それは義男が学生時代に自分の中で封印したものでした。そんなものを使っても人を説得できないと思ってきたからです。理論で勝負すること。それが義男の唯一信じるやり方でした。けれども今回ばかりは少し違います。それじゃ、皆の不満をどう解消するつもりですか？　彼女の無邪気な質問に答えられない自分がいたのです。ここのところ会社が時代の波に乗り切れないこと、社員の士気が下がっていることを義男は痛感していましたが、その解決策を見つけられずにいたのです。気が付くと、他の社員も彼女のアイデアに興味を持ち始めています。義男は悩んだあげく、決断します。失うものも計算済みで、彼女にプロジェクトリーダーを任せてみようと。予算をとるために義男は持ち前の論理性を使って説明し、社長を一発で口説き落とします。こうして始まったプロジェクトでしたが、結果は、言うまでもありません。壁に描かれた絵を使って、社員が対話を始めたのです。長い間見なかった社員の笑顔や楽しそうな声がオフィスに戻ってきました。自分たちのビジョンを絵に描くプロジェクトも始まりました。１人の新入社員が、みんなの心を変えるきっかけを作ったのです。義男は少なからず感動していました。彼女の感性と臆せず伝えるキャラクターに尊敬の念を覚えていたのです。義男は思いました。直感で感じとったことは、想像を超えるところに自分たちを連れていってくれることがあると。

直感的に感じとり、論理的に考える。私たちの多くは、このツイン・エネルギーの偏りを体験しています。せっかく直感でやってきた大切な情報を、理性では理解不能だからといって信頼することができず、無駄にしてしまうこともあるでしょう。また、直感で受け取ったことを人に理解してもらえるよう論理的にまとめることができず、悔しい思いをすることもあります。このツイン・エネルギーは、新しいアイデアを直感でキャッチし、情報をわかりやすく整理して、人々から理解を得ることをサポートします。新しい創造が必要な今、協力を仰ぎたいツイン・エネルギーと言えるでしょう。

◆ツイン・エネルギー⑩の問い

▼何らかの問題に直面した時、「直感ではどう感じるのか」自分に問うことを習慣にしてみましょう。意味を成さないイメージや、体の感覚で、メッセージを受け取れるかもしれません。どんな解釈ができるのかを考え、そのプロセスを楽しんでみてください。

▼直感を使うことについて、もしも恐れがある場合、それはどんな恐れですか。恐れの声に従うことで、あなたは何を失っているのでしょう。

▼直感力を鍛えることを始めてみましょう。直感ノートを作って毎日受け取ったメッセージを書くのも良いでしょう。鍛えれば鍛えるほど直感は応えてくれるはずです。

▼わかりやすく相手に伝える必要のある時は、結論とその根拠を順序立ててまとめたり、長期的な視点にたって情報を分析・整理したりすると良いでしょう。常に情報

を相手の目線にたって整理して伝えるよう心がけましょう。

▼何かを結論づける時、「なぜ」を考える癖をつけましょう。なぜやりたいのか、なぜ必要なのか、なぜ止めるのか。場合によってはデータを使って理由づけると、自分と人の納得感を高めることになるでしょう。

▼あなたにとって論理的に考える、とはどういうことでしょうか。その力に長けている人は誰ですか。その人の特徴を1つ真似するとしたら、何を試してみたいですか。

ツイン・エネルギー⑪
《エネルギーを読みとる・事実を捉える》

どこからともなく聞こえてくる鈴虫の音色に、癒されることがあります。鈴虫は、長い触覚をアンテナのように使って、周囲の情報を拾い集めています。暗闇でも障害物にぶつかることなく歩けたり、仲間と交信することができたりするのです。自分に危険があれば、瞬時にそれを察知して飛び去ります。

私たちも、日頃、言葉以外の方法でコミュニケーションを図っています。メラビアンの法則と呼ばれるコミュニケーションの研究結果が示唆するところによると、私たちは、矛盾のあるメッセージを受け取った時に、言語情報より、口調や表情など、非言語で受け取った情報を信頼するとのことです。言葉では「やる、やる〜」と聞いても、「絶対やらないだろうな〜」とわかってしまうことはよくあるものです。どうやら私たちは、自分たちが思っている以上に、相手の本心を言葉ではなく、非言語から読みとることを日常的にやっているようです。

更にいうと、私たちは、相手の感情について、その人が醸し出している雰囲気やエネルギーから無意識に読みとることにも長けています。こうした能力は、誰にでも備わる女性性の智慧といえます。この女性性を活用することで、家族や親しい人が、なんとなく元気がないことに気づき、そっと助けを差し伸べることができるかもしれません。また、会議で違和感のある空気を察知したら、そのままやり過ごすのではなく、立ち止まってメンバーに問いかけてみることも選択できるはずです。私たちの女性性は、表面で話されていることの奥にある感情やエネルギーに気づくことを教えてくれています。そして真のつながりをつくることを励ましてくれているのです。

あなたは、非言語を読みとり、つながりをつくる対話の達人です。

エネルギーを読みとることと同様に大切なのが、事実を捉えようとする姿勢です。物差しは、どんな時も正確にそのサイズを測ってくれる私たちの大切な道具です。こうした道具がなくなると、困る職業

の人はたくさんいるのではないでしょうか。大工さん、装飾デザイナーなど。モノづくりに関わる人にとって、1ミリたりともくるわず寸法を測ることは、良い仕事をする上で欠かせないことと言えます。

できる限り正確に情報を捉えることは、特定の職業の人のみならず、私たちが日常的に必要とする能力です。私たちは、多かれ少なかれ、日々、解釈をして生きていますが、本当に起こった事実をどれだけ把握しているかは定かではありません。「今日に限ってあいつは会社に来ていない！　なんてやる気がないんだ！」事実は、具合が悪くて病院に行っただけです。「早口でまくし立てて、こっちの言うことを全然聞いてくれない！」話す速度は平均的で、話した割合は、五分五分だったりします。私たちが、人を誤解したり、対立したりする時、何が起こったのか、相手が何をしたのか、その事実をもっと理解しようとすることを怠ることはよくあります。そして、多くの場合、自分の思い込みや解釈で誤解を更に大きくしてしまうのです。

事実を捉える力は、とても冷静な私たちの内側にある男性性です。この男性性は、どんな時も、感情に任せて人を責めたり、傷つけたりすることがないのです。問題が起こった時は、その事実をできる限りニュートラルに把握しようとします。理解するために必要な情報がある場合、客観的なデータを淡々と集めるのです。その上で、この男性性は謙虚です。私たちが解釈をする動物であることを知っているため、本当の事実は時に誰もわからないことをわきまえています。真実は人によって違うことを謙虚に悟り、可能な限り、「事実」の理解に努めようとするのが、私たちに潜む男性性です。

あなたは、事実を捉え、冷静に人を導くアドバイザーです。

◆ツイン・エネルギーとしての働き

エネルギーを読みとり、事実を捉える。このツイン・エネルギーは、目に見えること、見えないことの両方を把握し、本当に何が起こっているのか、その洞察を深くします。どちらか一方にしか目を向けないことで、私たちは誤解しやすくなることを伝えています。語られていない感情や状態を察知しつつ、できる限り事実ベースの情報を集めて深層を解明すること――それがこのツイン・エネルギーのギフトです。

◆恵梨香の物語

恵梨香は、アメリカの大学院で建築を学ぶ留学生です。ずっと学びたかったことを勉強できることにとても満足していましたが、恵梨香は、寮のルームメイトとの問題に悩んでいました。アメリカ人のルームメイトは、友人やボーイフレンドを頻繁に2人の部屋に連れてきてパーティを開くのです。初めは自分もジョインしていたものの、次第に、静かな時間がもっと欲しい、勉強に没頭できる空間を侵されたくない、そう思うようになっていきました。ところが、この気持ちを伝えることができません。ルームメイトとの関係を壊したくないという気持ちから、恵梨香は、それをはっきり言う勇気がなかったのです。しかし、その思いは次第に膨らみ、恵梨香の気持ちは態度に現れるようになります。言葉数が減り、無表情になります。人が来ると部屋を出て行き、図書館で過ごすようになったのです。当のルームメイトはと言えば、恵梨香の気持ちに全く気づく様子もなく、相変わらず、頻繁に友人たちを呼び寄せては楽しんでいました。こんなに態度で示しているのに、なぜわからないんだろう——恵梨香は、腹立たしく感じます。ここは、私の空間でもあるのに。私も半分お金を払っているのに。これじゃまるで、彼女のシングルルームではないか。数か月もの間我慢をしてきた恵梨香は、何も変わらぬ状況に、遂に堪忍袋の緒を切らし、思い切ってルームメイトにその思いをぶつけます。これまで私がどれだけ我慢をしてきたかわかる⁉ ここはあなただけの空間じゃないのよ！ そう泣きながら伝えたのです。するとルームメイトは、何を言っているのかさっぱりわからない、というのです。恵梨香も人が来るのを歓んでいると思ったし、図書館へも行きたいから行っていたと思っていたと。何より、そんなに嫌だったらなぜはっきりそう言わなかったのかと、逆に恵梨香を責めてきたのです。これを聞いた恵梨香の怒りは爆発します。あれだけ態度で示していたのにわからないなんて、何を今さら言っているのよ！ 今まで抑えていた怒りがあふれて止まらなくなったのです。その後大きな口論になった2人は、収拾がつかなくなり、その日を境に、一切口をきくことができなくなってしまいました。

たまらなくなった恵梨香は、留学アドバイザーに相談し、部屋を替えてもらうリクエストをしました。アドバイザーは、恵梨香の話を聴いた上で、もちろん部屋を替えることはできるけれど、同じことが起こらないようにと、大事なレッスンを託してくれたのです。2つの異なる文化が交わる時、誰もがこうした苦い体験をするものだと。日本人は、態度や表情といった非言語で人と理解し合う傾向があるのに対し、アメリカ人は、言語によるコミュニケーションを大切にする傾向があると。その違いをわきまえてやりとりをしないと、同じようなことがこれからも起こると教えてくれたのです。だから態度や表情から相手に思いを察してもらうなんて決して望んではいけないというのです。でも……と反論したくなる恵梨香に、アドバイザーは更に伝えます。自分が事実だと思うことを伝えた上で、自分の解釈と気持ちを、なるべく冷静に伝えることが必要になってくるのだと。アドバイザーは次のような伝え方を教えてくれました。部屋に友人を週に4回は連れてきていたけれど（事実）、自分の空間を尊重してくれていないように思えた（解釈）、それが自分にとってストレスだった（気持ち）と。わかりきっていることをこんなに丁寧に伝えなければならないことが、恵梨香にとってはただただ驚きでした。アドバイザーは更に言いました。きっと相手が捉えた事実や解釈は全く異なるはずだから、それを理解しようとすることも大事だと。恵梨香は、自分がすぐにマスターできるとは到底思えませんでした。けれども、異文化で苦労を重ねてきたアドバイザーの言葉は、重く感じられました。そして、このアメリカにいる間に少しでもマスターできるよう学んでみたい、そう思ったのです。

エネルギーを読みとることと事実を捉えること。私たちは、誰かと対立をする時、このツイン・エネルギーのバランスを崩すことを体験します。その根底に、次のような無意識の思いがあるのです。

○事実は1つだ。

○私が正しい。相手は間違っている。

この時、私たちは感情が先走るため、話し合いは難しくなります。そんな時はこのツイン・エネルギーの出番です。誤解は解釈から起こることをこのツイン・エネルギーはよく知っています。誤解を解くためには、事実をどう捉え、どう解釈したのか、また、非言語から何が読みとれるのか、お互いに理解しようとする姿勢が必要なのです。このツイン・エネルギーはその謙虚さと冷静さを呼び覚ますのです。

◆ツイン・エネルギー⑪の問い

▼あなたが誰かと対立しているのだとしたら、起こったことについてどんな解釈をしていますか。その解釈があなたをつらい気持ちにさせているのだとしたら、起こった事実と自分の解釈を分けてみましょう。どんなことに気づきますか。

▼気になる出来事を思い浮かべてみてください。事実に対する解釈が1つではないとしたら、あなたは、どんな解釈をしたいですか。

▼誰かにフィードバックをする時、あなたはどんな風に伝えていますか。フィード

バックは解釈であることを肝に銘じ、できる限り相手がわかるよう、目に見えた現象と自分の解釈の両方を伝えた上で、気持ちをシェアしてみましょう。

▼あなたにとってエネルギーとは何を意味しますか。

▼気になる人やグループの感情や感覚を読みとってみましょう。言葉や目に見える事象の奥に、どんな感情や状態が伝わってきますか。気づいたことをその人あるいはグループとのコミュニケーションに、どんな風に活用したいですか。

▼日々、自分の感情、感覚、エネルギーを言語化してみましょう。軽やか、どんより、ワクワクなど、言葉にしてみると、どんな利点がありますか。

ツイン・エネルギー⑫
【ポテンシャルを見いだす・実現する】

このダイアモンドは、自らもつ内側の美しさで光輝いています。想像してみてください。あなたの中にもこのダイアモンドのように輝く可能性と呼ばれる未開の力があることを。もしかすると、それはまだ誰にも見つけられていない才能かもしれません。あなた自身もまだ気が付いていないとしたら、もったいないと思いませんか。

私たちには、自分では気がつかない潜在的な力、発揮していない才能がまだまだありま す。それは、自分ではなかなか気づけないものかもしれませんが、ひと度、誰かが見つけてくれたり、その力を信じてくれたりすると、それは一気に外に出ようとするものです。そして何より自分自身がその力を信じることができるようになると、その発揮は加速します。目には見えないポテンシャルを見いだし、その開花を信じること――それは、私たちの女性性が成し得る大きな力です。

しかし、私たちの多くは、自分の潜在的な力が外に出ることを恐れているようです。私たちが最も恐れているのは、自分の闇ではなくむしろ光であり、自分が想像を絶するほどパワフルな存在であることだ、というマリアン・ウイリアムソンの有名な言葉があります。自分がもつ力を全開にして生きることはあまりにも怖いので、見ないようにすることは自然なことと言えるのかもしれません。ポテンシャルを見いだすという女性性は、そんな私たちの恐れを払拭し、力強くその可能性を信じる性質です。それは、人に希望をもたらし、まだ見ぬ可能性に息を吹き込むような力と言えます。

また、この力は、人に向けられたものだけではありません。可能性を秘めたアイデアに光を見いだし、信じることも同様です。私たちが、こうした目を養うことで、物事は、人々は、大きく花開いてゆくのです。

ポテンシャルを見いだすことで、可能性の扉が開きます。

ポテンシャルを現実の世界で形にするのが、私たちの実現するという男性性です。人生の中

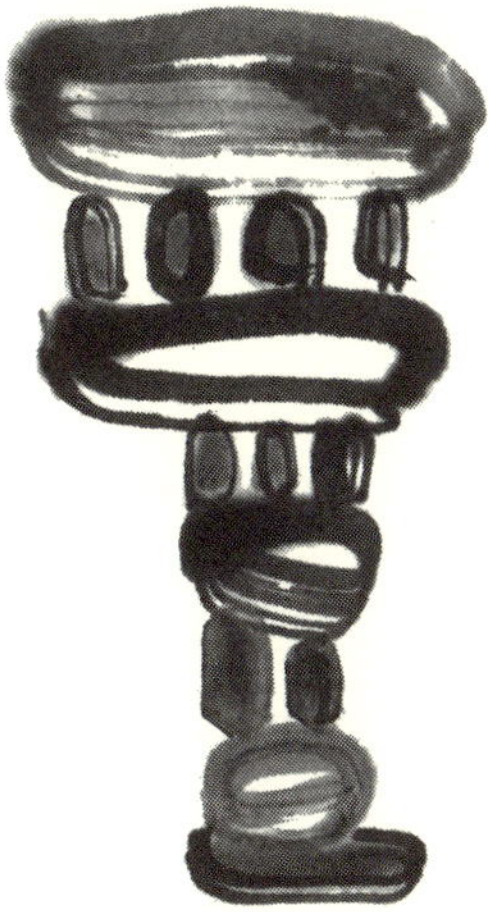

で何かを実現したいと感じたことは、誰にでもあるはずです。夢にみた家を建てたい。多くの人に役に立つ新商品を開発したい。ずっと願ってきたお店をオープンしたい。こうした思いを形にする人は、もちろん強い願いがあったことは明らかです。しかし、その人たちの多くは、ただ指をくわえて誰かがやってくれるのを待っていただけではないはずです。その願いを具体的なプランに落とし込み、必要なリソースを得るために行動を起こす勇気をもっていたのではないでしょうか。実現に向けて自分のもつ力を総動員すること――これが、私たちの中にある実現するという男性性です。これは、私たちが夢を叶える上で、欠かせない力と言えます。

では、願ったことは、努力して行動すれば必ず実現するのでしょうか。私たちの多くは、努力しても叶わずあきらめてしまった経験を1つや2つもっているはずです。実現するという男性性は、実現に向けた環境をつくることも得意です。願うイメージを描き、それを可視化して現実味を帯びさせていきます。人に共有して支援を得られる手はずも整えます。また何よりも機を捉えて動く力を兼ね備えているのです。ベスト・タイミングを見事に察知し、その時がきたら、ひるまずチャンスを掴みとるのです。実現するという男性性は、私たちの中にある成熟した智慧と行動力を兼ね備えた、頼りになる存在です。

あなたは、願いを形にするクリエイターです。

◆ツイン・エネルギーとしての働き

ポテンシャルを見いだし、実現する。このツイン・エネルギーは、世の中に眠る才能や可能性を発見し、それが花開くことを支援するものです。誰もがもつまだ発揮できていない力や、人々に役立つアイデアの可能性を発見し、その実現を信じることを支援します。

その上で、実現に向けて具体的に前に進めるためのあらゆるサポートを提供します。願っていることが実現し、充実感や歓びをもつことに特別な願いをもち、そのために力を発揮するのがこのツイン・エネルギーです。

◆圭太の物語

圭太は、入社以来、営業部員として常にトップの成績をあげてきました。その優秀さから、ある日彼は抜擢を受け、営業部門のリーダーを任されることになったのです。突然、15人の部下を持つことになった圭太は、とまどいます。お客さんとのやりとりは得意だったものの、部下の面倒を見るとあっては、話が別です。苦手な部下、やる気のない部下、がんばってはいるけど結果を出せない部下。その面倒を一手に引き受けなければならないのです。そんなこと、さらさら自信がない、そう思っていました。そして、ため息の絶えない日々が始まったのです。「どうしてみんな売れないんだろう」。この問いが、圭太の中でいつも消えません。圭太は、そのイライラを部下にぶつけるようになっていきます。「なんでできないんだ！」「だからお前はダメなんだ！」感情を抑えることができず、つい怒鳴ってしまったり、机をたたいてしまったりすることに、自分でも困っていたのです。そんな圭太は、あることを思い出します。以前会社で受けさせられたコーチング研修のことです。その研修で、コーチというのは人の可能性を信じて関わり、相手がありたい姿に成長することを支援するものだと聞いたのです。そんなことは綺麗ごとだし、たとえそれが本当だとしても、自分にはできるはずがない、そう思って研修を後にしたことを思い出したのです。圭太は思いました。今こそ、このコーチングとやらを学んでみたいと。こうしてコーチを雇うことになった圭太は、初めのセッションで、コーチに打ち明けます。人は結局変わらないし、ダメなヤツは何をやってもダメなんだと思う。そして、そんなことを思ってしまう自分は、なんて冷たい人間なんだと思っていると。その上で、ずっと聞きたかったことをコーチに質問します。人を変えることは本当にできるのか、という問いです。コーチは言いました。人を変えることはできません。けれど、あなた自身が変わることで、周りの人に影響を与えることはできるのですよ。あなたが相手の力を信じることができるようになるか――それにかかっているのです。圭太は予想外の言葉に驚きます。そして、コーチの言葉に不思議と納得した圭太は、それが本当なのであれば自分を変える努力をしてみたい、そう思ったのです。その日から、自分の見方を変える実験が始まります。メンバーを1人選ぶと、コーチから「その人の強みは何ですか？」「まだ発揮されていない可能性があるとしたら何でしょう」そう聞かれますが、圭太にはさっぱりわかりませんでした。自分がどれだけその部下のことを知らないのか、痛感するのでした。その後何日もかけて、圭太は新しい目でこの部下のことを見つめなおすことに取り組みます。そういえば普段あまりぱっとしないけれど、人の話を聴くことについては本当に優れているヤツだ、それをもっと磨いたら、強い武器になるかもしれない。新たな気づきを重ね、圭太は、この部下を信じてみることを練習します。タイミングをみて、自分が感じていることを伝えてみることにもチャレンジします。結果を出せるよう、具体的な計画やリソースを受け取れるよう協力もします。もちろんすぐに結果が現れることはありませんでした。部下が少し自信を示して変わったかと思うと、また元に戻ったり、自分も彼を信じられなくなったりしたのです。それでも圭太は、この試みをあきらめませんでした。そうして6か月経ち、圭太は初めて部下の変化を見届ける機会に恵まれます。難しい大口顧客とのビジネスを、この部下が初めて1人で獲得したのです。以前の部下であれば、到底、無理だったはずです。部下の晴れ晴れとした顔を見て、圭太は心から誇らしく感じました。気が付いてみると、部下の成長を必死で支援してきましたが、一番成長したのは自分でした。部下も変わったけれど、そのために自分が変わる必要があったことを、改めて痛感したのです。部下も人には秘めた可能性があり、それが開花すると想像を超えたことを実現できる。それを可能にするのは自分次第だと、改めて圭太は、その意味をかみしめたのでした。

私たちは、自分の可能性がわからなくて、自分のことをあきらめることがあります。また、人の力が信じられずに、応援することを手放すこともあります。このツイン・エネルギーのバランスを整えるためには、初めは、意識的な取り組みが必要かもしれません。けれども、一旦私たちがバランスを取り戻すと、人や物事に眠るポテンシャルを自然に読みとれるようになってゆきます。そして、その開花・実現に向けて環境を整え、具体的にリソースを獲得し、一歩一歩実現に向けて事を進める行動力が喚起されてゆきます。

◆ツイン・エネルギー⑫の問い

▼自分の部下がまだ発揮していない可能性をもっているとしたら、それは何なのか、書き出してみましょう。どんな些細なことでも構いません。それらが最大限に開花したら、何が可能になるのか、想像してみましょう。そのイメージを持ってみると

自分の言動がどのように変わるでしょう。機会をみて部下にも伝えてみると、どんな影響があるのでしょうか。

▼右記を、自分に対してもやってみましょう。また、子供、後輩、生徒など、自分が望む相手であれば、どんな相手でも構いません。信じることの影響を感じてみましょう。

▼あなたが密かに実現したいと思っていることは何ですか。そこにどんな願いをもっているのでしょうか。それが実現することで、何が可能になるのでしょうか。

▼何かを実現したいのだとしたら、そのことを実現するための環境を整えましょう。イメージを視覚化してみましょう。関係する人たちに共有してみるのも良いでしょう。実現させるために、自分なりに毎日できる習慣をつくるとしたら、何でしょう。

▼実現に向けて、具体的な計画を立ててみてください。必要なリソース（もの・人・お金）を理解しましょう。それらをどうすれば入手できるのか、具体的に見据えて

みましょう。その上で、最初の一歩を踏み出しましょう。

▼機を逃さず実現するとは、今のあなたにとって、どんなことを意味しますか。

器と主導

これからご紹介する4つのツイン・エネルギーは、共通の性質をもっています。それは、器のように人を支える女性性の質と、先頭に立って勇敢に導く男性性の質です。

≫ツイン・エネルギー⑬
【調和する・立ち向かう】

この絵には、６つのアイコンが描かれています。個々は全く異なるものの、全体が一つの線でつながっています。調和することについて、この絵は、一体どんなメッセージを携えているのでしょうか。

私たちが調和という言葉を聞く時、周囲と合わせて綺麗に収まるイメージをもつ人がいるかもしれません。しかし、本来、調和というのは、個が自分を受け入れ、それぞれが存分に自分という存在を在らしめることから始まります。自然を見ると、花や木は、誰にも遠慮することなく自分という存在を表現しています。そしてその様子を全体からみると、そこに得も言われぬ調和が存在するのです。この絵は、そうした様を表すかのように、それぞれのアイコンは、他と異なる自分の個性をそのまま表現しています。もしもあなたが、自分の個性を受け入れ、そのままの自分に誇りをもって存在したら、何が可能になるのでしょうか。こうした意識を助けるのが、調和するという女性性です。

その上で、調和することの本当の意味は、個の尊重のその先にあります。私たち一人ひとりが、自分の個性をありのまま表現する時、全体は、共鳴し、相乗効果で新たなものが生み出されたり、新境地に向かったりすることができたりするのです。絵に描かれた黄色い線はそれを表すかのように、個々をつなぎ、1つの方向へと全体を向かわせています。教育の現場や組織においても、ダイバーシティを歓迎し、異なる力を結集させるリーダーが成果をあげる例は少なくありません。調和するという女性性は、異なる意見や考え方によって対立が起こりやすい現代において、一層、求められているリーダーの質と言えるでしょう。

あなたは、個の力を結集させる強いパワーの持ち主です。

調和を育むには、時に障害に立ち向かう強さも私たちには必要です。この虎は、何かに向かって今にも飛びつこうとしています。獲物を捕らえようとしているのでしょうか。この虎は、私たちの立ち向かうという男性性につい

て、強いメッセージをもっています。

思い出してみてください。これまでの人生で、誰かがこの虎のようにあなたの危機を救うべく、何かに立ち向かってくれた時のことを。もしかすると、小さい時に、あなたに何らかの危機が訪れた時、親や兄弟が、言いにくいことを誰かに伝え、勇敢にも戦おうとしてくれたことがあったかもしれません。自分の組織のリーダーが、部門の存続をかけて、誰かと戦い、交渉事に臨んでくれたかもしれません。私たちは、こうした勇敢な人々によって、どれだけ救われた気持ちになったり、安心した気持ちになったりしたことでしょう。家族や友人、上司や先輩、そして、社会を守る人々の勇敢さによって、私たちは安心を確保され、生かされています。力強く何かに立ち向かい、勇敢に発言し、行動をとる男性性は、私たちが安心して生きていくために、不可欠であると言えます。

では、立ち向かうのは、極一部の人で良いのでしょうか。そうではありません。驚く方もいらっしゃるかもしれませんが、この虎のように、いざとなったら何かに立ち向かう勇敢な男性性が、誰の中にも潜んでいます。それは、年齢を問いません。性別を問いません。立場を問いません。いじめっ子を正す子供の中にあります。我が子を守る母親の中に存在しています。間違った方針に反対意見を伝える新入社員の中にあるのです。本当に大切なことのために立ち上がる勇気——それは、私たちが天から授かった男性性です。それは、決して人を傷つけたり、暴力的になって相手にダメージを与えたりすることを目的とした力ではありません。あくまでも危機から何かを救うために、勇気をもって立ち上がり、発言し、行動する強い力なのです。

あなたは、大切な人々のために立ち上がる勇者です。

◆ツイン・エネルギーとしての働き

調和して立ち向かう。このツイン・エネルギーは、個が際立つことで全体は調和すること、そして、その調和を保つためには、何らかの障害に対して、立ち向かって全体を守る強さが必要だと伝えています。このツイン・エネルギーのバランスが整った場にいると、私たちは、安心して自分の個性を発揮することができ、どんなことが起きても自分は守られていると思うことができます。結果として健全としたコミュニティが育ち、全員が団結して新境地に向かうことができるのです。

◆明美の物語

明美は、ある教育機関で働いています。少人数制で丁寧に生徒に関わり、一人ひとりの個性を伸ばそうとする教育方針が地域でも評判となり、現場は、いつもたくさんの生徒であふれていました。明美は、ここで働けることに誇りを感じていました。そして仕事を越えて悩みを相談しあえる仲間のことを家族のように感じていたのです。ところが、ある時を境に、その空気に陰りがさします。不況の煽りから、生徒の数がどんどん減り、経営が困難になってしまったのです。世の中の変化に合わせ、eラーニングなども取り入れますが、こうしたやり方の教育が、他でもっと安く受けられることも手伝って、経営はますます悪化していきます。遂には、経営者が、ある日突然、信じられない通達をします。数名の講師を解雇したというのです。明美はショックでした。この経営判断はきっと致し方ない。けれど、こんな冷たい通知の仕方があるんだろうか。ある日突然宣告されて、次の日からいなくなるなんて――。温かいと感じていた場に、冷たい風が吹き荒れ、明美にとって大事なものが一瞬で無くなったように感じたのです。この出来事を境に、すべては一変します。仲間を突然失った講師たちは、陰で不満を爆発させるようになったのです。私たちのことをなんだと思っているの！　こんなひどいやり方をするなんて信じられない！　皆の怒りは収まりません。けれども、こうした思いを経営者に言える人は誰もいませんでした。なぜなら皆、次は自分の番かもしれない、そう恐れていたからです。明美は誰よりも苦しんでいました。経営者と腹を割って話すとしたら、一番古くからいる自分しかいない。けれど、感情的にならずに話せるか、自信がなかったのです。大切なものを失った喪失感と怒りがありました。そして何より、経営者という目上の存在に意見することへのとてつもない恐怖です。小さい頃から「目上の人を敬いなさい」と親から言われて育った明美にとって、経営者に意見するなんてできるはずがない！　そう思って心が震えてしまうのでした。こうして時間だけが過ぎていきます。明美の心は揺れていました。仲間の話を聞いて痛みを受け止めるうちに、やっぱりこのまま終われない！　そう思うものの、経営者と話そうとすると再び恐怖がやってきて、やっぱりできない、そうあきらめる日々だったのです。そんなある朝、突然、明美は強い気持ちを感じて目が覚めます。たとえ首になってもいい、ここで何もしなかったら私は一生後悔すると。失うものは何もない、そう思えた明美は、不思議と肝が据わり、冷静に経営者との話し合いに臨む準備ができたのです。明美は、思い切って自分の思いをぶつけます。みんな全身全霊で働いてきたのにあのやり方は有り得ない。痛みを共有してくれれば受け止められたはずなのにと。すると経営者は、バッサリと明美の言葉を一刀両断で切り捨てます。君に何がわかるんだと。その日、経営者と明美は接点を何ひとつ見つけられず、話し合いを終えたのです。やっぱりわかってもらえないんだ……。明美はひどく傷つき、こみ上げる怒りを感じながら帰宅したのです。もうダメだ、そう思っていた明美でしたが、数日たってから、事態は驚きの展開を見せます。経営者が明美に連絡をしてきたのです。そしてこう言ったのです。あれから考え直した。明美にこの危機を乗り越えるサポートをしてほしい。皆の心のケアをすることは自分にはできないから助けてほしい……と。もちろんです、明美はそう反射的に答えていました。皆を守ること、それこそが、明美のやりたいことだったからです。翌日から明美は対話を始めます。一人ひとりの声を聴き、その気持ちに共感し、できる限り励まします。明美に全幅の信頼を寄せていた講師陣は、明美に心を開き、少しずつ前向きになってゆきます。そして、どうしたら立て直しができるのか、それぞれが考え始めるようになったのです。会社の再生に向けて、全員、一人ひとり何かを手放し、新しい意識をもつことが必要でした。道のりは長く、まだ始まったばかりです。けれども明美は思いました。勇気を振り絞って立ち上がって良かった。全員で力を合わせれば、きっと道が開いてゆくはず。

調和して立ち向かう。このツイン・エネルギーのバランスを崩すことは、よくあります。協調性を重んじることに注力しすぎると、自分の本当の声を封じ込めて、異論があっても伝えられない体験をします。逆に立ち向かうことだけに重きをおくと、怒りに任せて人を攻撃したり、イライラ感がぬけない状態を長く味わったりするかもしれません。このツイン・エネルギーのバランスが整うと、立ち向かう勇気を取り戻し、本当の意味で調和をつくることが支援されます。

◆ツイン・エネルギー⑬の問い

▼あなたが所属している家族、チーム、組織を1つの単位としてみてみましょう。皆で力を合わせるとどんなことが達成できると思いますか。また、あなたはその中でどんな役割をもっているのでしょう。

▼右記で考えたグループに所属する一人ひとりは、どんな個性や役割があると思いますか。それぞれの人に何を伝えたいですか。

▼あなたが遠慮をして個性を消してしまうことがあるとしたら、どんな時ですか。どんな恐れがあるのでしょう。その個性を存分に発揮したら、あなたは何を得られますか。また周囲の人たちは何を得られるのでしょう。

▼人にイライラすることがあるとしたら、まずは、その自分に気づいてみましょう。心の奥で何を欲しているのでしょう。欲していることを他者からではなく、自分で自分に与えられるとしたら、何ができますか。

▼あなたが今、誰かに（あるいは何かに）立ち向かって、自分の真実を伝えたいと思っているとしたら、誰に何といいたいのでしょうか。そのことによって得られる利点は何ですか。

▼今のあなたにとって、立ち向かう、とはどんな意味ですか。

ツイン・エネルギー⑭
【受容する・防ぐ】

この絵は、深い海底のようなところまで、黒い玉が降りている様を示しています。受容することと──それは、私たちが心の奥にゆっくりと意識を向ける時に訪れる、慈悲深い女性性です。

あなたには、あの人だけは赦せない、と思う人はいますか。少し時間をとって自分の心

に聞いてみてください。「いません」と即答できる人は、尊敬に値します。私たちの多くは、人生で誰かとの関係の中でつらい体験をした時、「赦せない」と感じて心を閉ざすことがあります。本当に心が傷ついた時、そう思ってしまうのは致し方ないことです。ところが、皮肉なことに、赦せない気持ちをもったまま生きていくことも、それはそれでとても苦しいものです。まるで、思い荷物を背負って長い道のりを歩いていかなければならないような体験が続くからです。状況によってその道を選ばざるを得ない人もいるでしょう。一方で、私たちの中には、過ちや弱さを受け入れて赦す、という慈悲深い女性性が心の奥深くに静かに存在しています。私たちがそれを選択する時、この女性性は、私たちを優しく見守り、重い荷物を取りさることに立ち上がってくれるのです。

こうしたテーマに向き合う時、私たちは大事なことに気づくことが往々にしてあります。それは、本当に受け入れなければならない、赦さなければならないのは、自分自身であるということです。自分の弱さを受け入れたり、過ちを認めたり、自分自身のことを赦してあげること——それは、何よりも難しいことかもしれません。そんな時に助けを求めたいのが、私たちがもつ受容するという女性性です。私たちは決して1人ではありません。慈悲深い菩薩のような心をもった女性性が、誰の心の中にもいます。助けを求めれば、この女性性は、自分を責めたり、人を赦せなかったりする心を溶かしてくれるはずです。対立や分断の多い現代社会において、今こそ、必要な女性性です。

あなたは、過ちや弱さを受け入れる慈悲深い菩薩です。

一方で、人を受容しすぎて自分を傷つけることのないよう、防ぐ力を発動させることも時に

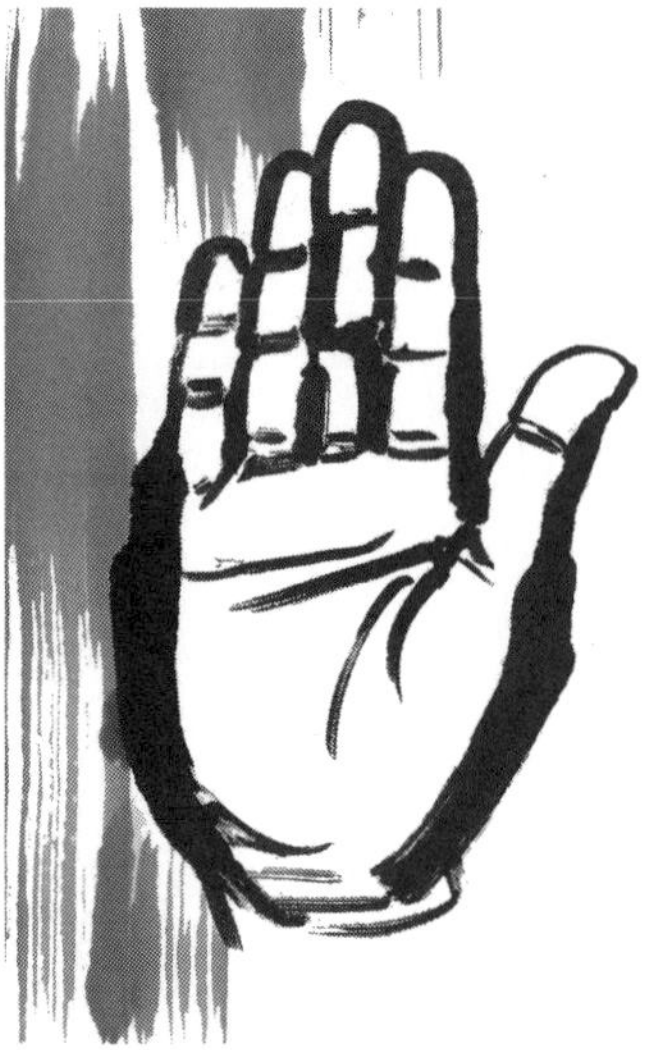

必要です。何か危険なものがこちらに向かってこようとする時、私たちは思わず、この絵のように手で防ぎ、自分を守ろうとします。自分がこの手の持ち主だと思って想像してみてください。その時、どんな気持ちでしょうか。きっぱりとした強さをもっているのではないでしょうか。

私たちが誰かに傷つけられていると感じる時、自分の心と体を守ることが何よりも先決すべき行動です。もちろん相手を理解することも必要ですが、私たちは、時に相手を受け入れすぎて、自分の心や体を傷つけるまで外からの攻撃を自分の内に入れてしまうことがあります。その結果、心の病に苦しんだり、物理的に体を壊してしまったりすることもあるのです。私たちが、いじめやＤＶに遭っていると感じる時、相手ではなく自分が悪いのではないかと思いこみ、自ら自分を傷つける意識をもつことがあります。防ぐという男性性は、こうした私たちを守る頼りがいのある力です。自分を傷つけるものには、きっぱりとNOを言ったり、その場から立ち去ったりできる強い力です。もちろんそこまで極端ではなくとも、日常の中で、自分が傷つきそうな時、やんわりとかわして自分を守る術もこの男性性は知っています。

一方で、防ぐということに、抵抗を感じる人も少なくないのではないでしょうか。どんな人にも寛大でいたい、すべての人とつながっていたい、と思う人もいるはずです。防ぐという男性性の出番がないことは幸運なことかもしれません。ですが、現代社会において、相手に悪気がなくとも、自分で自分の心を無意識に傷つけてしまうことが実に多いものです。こうした防ぐという行為は、自然界でも行われています。動物が、自分の領土を侵されると察知した時は、威嚇をして防ごうとするのはよくあることです。防ぐという男性性は、私たちが生命体として生き残る上で、不可欠な智慧とも言えます。

あなたは、危険を防ぐ守り手です。

◆ツイン・エネルギーとしての働き

受容し、防ぐ。このツイン・エネルギーは、対立、いじめや暴力、といった社会問題から自分の身を守り、且つ、多様な人々を受け入れて健全に生きていくために必要な私たちの力です。このツイン・エネルギーは、とても成熟した資質を持っていますが、実際の年齢とは関係なく、子供であろうと何歳であろうと力を貸してくれます。愛情深い菩薩のような心で人を受け入れ、いざとなったら危険から私たちを守る、現代社会において私たちが磨きたい特質です。

◆翼の物語

翼は、職場での人間関係に悩んでいます。同じ部署の同僚たちが、ある時を境に口をきいてくれなくなったのです。必要最低限のやりとりはしますが、昔のように雑談をして笑いあったり、ランチに誘われたりすることが無くなってしまったのです。だんだん孤立していく自分を感じた翼は、深く傷ついてゆきます。一体、自分は何をしてしまったのだろう。理由がわからないことが、一層、彼を苦しめ、そのことは、徐々に仕事にも影響してゆきます。打ち合わせで自分が阻害されるような雰囲気を感じたり、翼が必要とする情報が共有されなかったりすることが増えていったのです。それは、正に、陰湿ないじめでした。いっそ、はっきり何が悪いのか言ってくれた方がましだ、そう思い、翼は心を閉ざしてゆきます。そんなある日、他の部署の友人が、風の便りに聞いたといって事情を伝えにきてくれました。友人によると、テンポ良く進められる議論で、翼が言うことがいつも的外れで、同僚たちはイライラしているというのです。そんな些細なことだったなんて⁉　また、自分が的外れだなんて全く心あたりのなかった翼は、反論したい気持ちでいっぱいになります。翼は、驚きのあまり言葉も見つからず、ただただ呆然とするのでした。時間が経つにつれ、傷ついていた気持ちは怒りに変わってゆきます。赦せない！　そう心の内側で強い感情が抑えられなくなっていったのです。こうして翼は、強い怒りと言いようもない悲しみを抱え、長く辛い日々を過ごしてゆくのでした。

しばらく殻に閉じこもっていた翼でしたが、八方ふさがりになってどうしようもなくなり、ついに社内で尊敬する佐藤に相談します。翼にとってメンターのような佐藤は、静かに翼の話に耳を傾けてくれました。そして次のように言ったのです。「それは本当につらかったね」と。翼は、身体の力がぬけるのを感じました。初めて自分の苦しみがやっと誰かに理解されたように感じたのです。本当につらい時に、否定されず、こうしてただ受け止めてくれることが、どれほど有難いか、翼は痛感したのです。佐藤のおかげで、本当に自分はつらかったんだと、心の芯にあった気持ちを自分でも感じることができ、自然と涙があふれてきました。そして、長く抱えていた心の重荷が下せたように感じたのです。更に佐藤は、次のように言いました。「今は、どうしたらいいのかは考えなくて良いから、傷ついた自分を回復させることを優先した方がいい。彼らに対してどう対処したら良いのかは、その後に考えればいいのだから」と。翼ははっとします。彼らにどう逆襲をしてやろうか、そればかり考えていた翼は、自分の心を回復させるなんて、全く考えてこなかったからです。その後も佐藤からの質問に答える内に、翼はあることに気づきます。今でも彼らを赦せない。けれど、一番つらいのは、こうなってしまった自分のことを心の深いところで責めていることだとわかるからです。こうなったのは自分に何か欠陥があると思っていたことに気づいたのです。話を聞いた佐藤は、自分をそこまで傷つけてはいけない、自分が深い痛みをもっている内は、本当の意味で相手に対する最善な対応を考えることはできないのだから、とそう言いました。そして、心が回復したら、きっと何らかの学びを得て成長することができ、相手にどう対処したらいいかもわかるはず、と言ってくれたのです。佐藤の助言を頼りに、翼は、自分を責めたり、傷つける気持ちを手放すことに努めます。翼は思いました。しばらくこうやって自分の心の回復に意識を向けよう。彼らへの対処は、その後考えよう。

受容し、防ぐこと。このツイン・エネルギーは、様々なことが起こる社会の中で、自分の感情を受け入れたり、自分を傷つける思考から自分を守ったりすることを支援してくれます。心が傷ついている中で解決への行動を考えても、自分にとっても相手にとってもベストな解決方法を見つけることができないことが往々にしてあるからです。自分を不必要に傷つけないことが、ひいては他の人への思いやり、そして責任ある態度につながっていくと、このツイン・エネルギーは伝えています。もちろん、他の人の感情に対しても、共感を示してそのまま認めたり、その人を危険から防ぐために具体的な措置をとることも、このツイン・エネルギーは支援します。

◆ツイン・エネルギー⑭の問い

▼つらいことがあった時に、自分に問いかけてみます。どんな気持ちが心の奥に埋もれているのか。悲しさ、悔しさ、怒りなど。その気持ちを否定せず、そのまま受け止め、感じてみることも大切です。どんな気持ちがあっても良いことを自分に伝えてみましょう。

▼誰かが本当に傷ついている時、その人を否定したり、アドバイスをしたりするのではなく、ただその気持ちを受け止めてみましょう。それだけで十分な時があることを知ってください。

▼自分を受け入れるとはどういうことでしょう。自分にとっての意味を探求しましょう。

▼本当は断りたいのに断れないことが習慣的になっている人は、自分の境界線を守ることを学びましょう。一部だけ受け入れて少しずつ断る練習をしてもいいでしょう。

▼人から暴言や暴力を受けていると感じる時、自分を傷つけるようなやり方でそれを受け取ってはいけません。必要に応じて、その場から離れる、人に相談する、きっぱり断る、など、自分を守るために勇気をもった行動をとりましょう。

▼自分にとって必要のない考え方や思い込みは何ですか。それを手放すことで何が得られますか。手放すためにできる最初の一歩は何でしょう。

ツイン・エネルギー⑮
【全体を支える・導く】

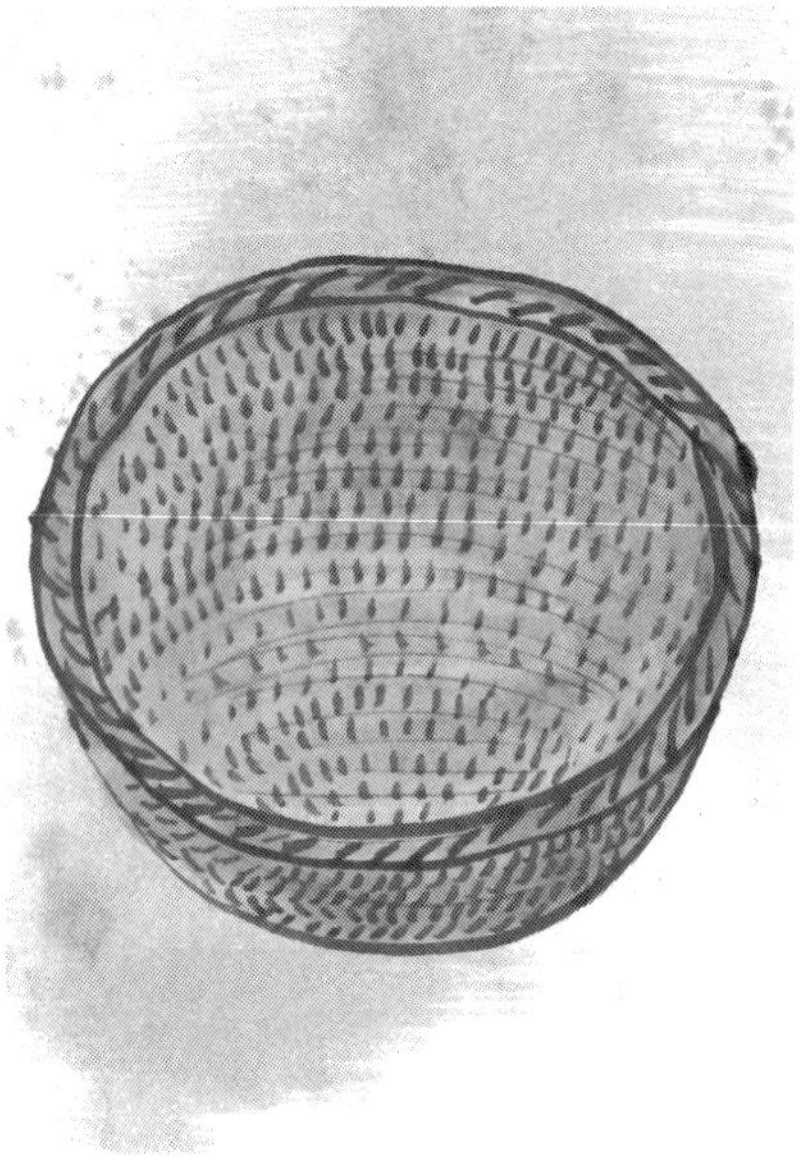

この籠は、どこか懐かしい雰囲気をもっています。どんなものであれ、この籠に入れると、温かい気持ちで支えられるような気がします。この籠は、私たちに支えることについて、どんなメッセージを携えているのでしょうか。

私たちは、本当に安心できる自分の居場所がほしいと願っています。家庭、職場、自分が所属する何らかのグループ。そこに、籠のように誰ひとり取りこぼさないよう、私たちを支える存在がいて自分を見守ってくれたら、どれだけ幸せなことでしょう。それだけで、私たちは力をおもいきり発揮することができるかもしれません。例を見てみましょう。Jリーグの活躍には目覚ましいものがありますが、普段表にでる選手を陰で支える人々が実にたくさんいます。その中に選手が使う用具を整えるスタッフがいます。この人は、選手が試合で使うものを最高の状態で使えるように整えます。ロッカールームをピカピカにし、ユニフォームを綺麗に洗濯します。大事なスパイクにいたっては、一人ひとりの選手のこだわりに合わせて微妙に調整しながら磨きます。表舞台に立つ選手たちは、この裏で働くスタッフにどれだけ支えられていることでしょう。大げさかもしれませんが、この存在なくして、チームの勝利はないといっても過言ではないでしょう。

全体を支えるという女性性は、全員を見守り、応援し、何かあったら力を貸してくれる優しい存在です。この存在がいることで、家庭や組織、そして社会にいる私たちは、安心することができるのです。時にそれは、見えない存在であることもあります。普段会うことがない組織の会長ということもあるでしょう。皆の面倒をみる庶務を担う社員ということもあります。全体を支える女性性は、とても謙虚ですが、現代社会において、誰もが求める存在とも言えるでしょう。

あなたは、みんなを見守り、支える優しい器です。

全体を支える力と対になるのが、私たちの中の導くという質です。この女性は、旗を掲げ、どこかに大衆を導こうとしている

ように見えます。何やら、革命的なことを唱え、新しい道へと皆を率いようとしています。身に着けている洋服を見ると、これまでの常識を打ち破るような、そんなメッセージをもっているのかもしれません。

私たちが、何かを強く信じ、新しい世界へと人々を導く時、この女性のように勇敢になります。ここに来るまでの道のりは決して平坦ではなかったはずです。何かを変えることを唱えるのですから、恐らく、反対者もいたでしょう。批判も受けたでしょう。多くの不安や恐怖もあったことでしょう。けれど、全体のために導くことを決めた人は、強いエネルギーをもち、決して後戻りをすることはないのです。組織や社会を新たなる方向へと導く人々には、その勇気に敬意が払われるべきです。彼らはちょうど皆が待ち望んでいたようなビジョンを示してくれたはずです。そして、強い信念から、そのビジョンを自ら体現し、人々に働きかけ、新しい世界をつくってくれたのではないでしょうか。導くという男性性は、皆のために行動を起こすたくましい存在です。
この男性性は、日常にもたくさんあふれているという事実を見逃してはなりません。友人たちを勇気づけるためにサプライズパーティを開く学生。地域の悪習慣を変えるために新ルールを提案する主婦。職場の悪い雰囲気を一新させるためにプロジェクトを立ちあげる社員。導くという男性性は、実にたくさんの場面で多くの人によって発揮されています。導くことは、トップの人がやってくれることだと思い、待ちの姿勢になるのは古い考え方と言えるかもしれません。導く男性性は、私たち誰もが、いつでもどこでも発揮できる力です。今こそ、自分の願いに耳を傾け、皆のためにゆくべき方向を示してみませんか。

あなたは、人のために立ち上がり新しい世界へと導くリーダーです。

◆ツイン・エネルギーとしての働き

全体を支え、導く。このツイン・エネルギーは、すべての人はリーダーであることを私たちに伝え、やり方は人それぞれで構わないというメッセージを携えています。時と場に応じて、後ろで全体を支えたり、前で導いたり、どちらも同じだけ価値があることを伝えているのです。このツイン・エネルギーの願いは、世の中がより良い状態へと進化することです。そのために、2つのエネルギーは協力し、特定の誰かではなく、全員のリーダーシップを呼び覚ましています。

◆隆二の物語

隆二は、老舗の和菓子屋を営む3代目の社長です。トップダウン。それが、隆二のやり方でした。彼の思いつくアイデアはいつも斬新で、ビジネスを良き方向へと常に導いてきたため、従業員は隆二の決めたことは絶対で、それに従うことを使命としてきたのです。ところが、ある時を境に、様々な問題が浮き彫りになり、隆二は大きな試練に直面することになります。隆二を支えてきた秘書が突然病気で退職することになったのです。隆二は大きな打撃を受けます。秘書は隆二にとって唯一無二の心の支えだったからです。辛い時は話を聴いてくれ、迷った時には的確な助言をしてくれました。何よりも、従業員一人ひとりのことをよく把握していた秘書は、面倒な人事的な問題を一手に引き受け、いつもいざこざをうまく収めてくれていたのです。秘書がいなくなった今、誰も代わりを務められる人はいません。隆二は気丈に振る舞い、変わらずアグレッシブに進もうとします。しかしこれまでと違ってうまくいきません。従業員の多くは不満を抱えていると風の便りに伝わってきたりし、ここ最近では、休みがちになる人、退職する人もでてきたのです。危機を感じた隆二は、コンサルタントを雇い、社員がやる気を取り戻すようサポートしてほしいと伝えます。しかし、ここから隆二にとって深い学びの旅が始まります。ひとしきり調査を終えたコンサルタントは、こうなってしまった原因は隆二にあることを指摘します。社員の意見を一切聞かずに強引に何でも進める隆二のやり方に、皆、へきえきとしているというのです。中には、隆二からパワハラを受け、深く傷ついている人もいると。そうした問題をカバーするかのように、社員の聞き役・励まし役を一手に引き受けていたのが秘書だったというのです。コンサルタントは、現状を変えるためには、隆二が変わるしかない、と告げます。自分を強く否定されたような気持ちになった隆二は、到底、その助言を受け入れることはできませんでした。アイツらは、一体、誰のお陰で今があると思っているんだ！　思わず隆二の口から本音がこぼれます。コンサルタントは辛抱強く隆二の話を聴いた上で、隆二が変わることは、社員にとって、会社にとって、そして隆二にとって、どれだけ大切かを訴えたのです。隆二は心の中で思います。「聞き役に回ったら自分の存在感が無くなる。自分が手を緩めたら、会社は潰れてしまう。第一それは、自分ではなくなってしまう……」。話し合いは平行線になります。それでもコンサルタントはあきらめませんでした。長い対話の末、その日の終わりには、隆二は変わることをしぶしぶ受け入れたのでした。隆二にとって、それ以外、状況が良くなる方法が見つからなかったからです。その後、コンサルタントは、隆二の頑なな心を少しずつほぐしていきます。コンサルタントの問いかけに答える内に、隆二は、かつて自分がもっていたある夢を思い出します。皆が幸せだと感じる会社にしたかった、という思いです。その夢を忘れ、ずっと自分は数字を追いかけ、成功を収めることに必死で、従業員のことは秘書に丸投げだったと気づきます。コンサルタントは、隆二に共感してくれました。昔は自分もそうだったと、自分自身の話も聞かせてくれたのです。コンサルタントとの対話によって、隆二はようやく本気で変わる決意ができました。その後隆二は、「人が大切にされると結果は自然についてくる」という新たな考え方をもってみることにします。そして、従業員が何に困っているのか、何を望んでいるのか、理解することから始めてみたのです。それぞれの心の内を聞くうちに、隆二は多くを学びます。自分が知らないところで、みんな想像以上にがんばり、苦しんでいることがわかりました。そんな辛い思いをしていたのか……。隆二はとてもショックでした。どうしたらその状況を変えられるのか、その問いを隆二はいつも考えるようになってゆきます。そして、具体的に必要な環境やしくみを変えることにも取り組んでゆきます。隆二には、まだまだやることがたくさんあります。けれども、少しずつ一人ひとりが前よりも心を開いてくれていることを感じていました。そして、自分が変わりつつあることも。従業員が幸せになること、その願いが隆二の心に再び宿ったのです。

全体を支えることと導くこと。どんなに素晴らしいビジョンを持ち、導く力があったとしても、人々の気持ちがケアされていなかったり、全体からこぼれてしまう人が放置されたりすると、ビジョンの達成が難しくなります。逆に、誰もイニシアチブをとることがないと、どこにも向かうことができず、状態が衰退していくことにつながります。世の中が激変する今、新たなる時代を切り開くためにも、人々を支えることと強く導くこと。この両方が、必要とされていると言えます。

◆ツイン・エネルギー⑮の問い

▼自分のリーダーシップ・スタイルを振り返ってみてください。チームや組織が次のステージにゆくために、自分が変わるべき要素があるとしたら、それは何ですか。

▼周囲を導くことに恐れがあるとしたら、どんな恐れでしょう。その気持ちをどんな風に手放したいですか。全体を支えることについても、同様に考えてみましょう。

▼あなたが何らかのグループの導き手となっているのだとしたら、そのグループを陰で支えてきた人々は誰でしょう。一人ひとりがどんな貢献をしてくれたのか思い出し、その気持ちを相手に伝えてみましょう。

▼あなたが人々のために願っていることは何ですか。その願いを形にするために、周囲をどうリードする必要がありますか。そのためにあなたができる最初のステップは何ですか。

▼あなたが所属しているチームや組織は、今、どんな状態にありますか。全体を支えるために必要なことは何ですか。あなたが明日からできることは何ですか。

▼あなたの周りにいるすべての人が、リーダーだとしたら、彼らは、それぞれどんなユニークなリーダーでしょう。それぞれのリーダーシップを応援するとしたら、何ができますか。

ツイン・エネルギー⑯
【包み込む・挑戦する】

赤ちゃんの手を優しく包み込むもう1つの手。この人は、どれだけ赤ちゃんを愛おしく思っているのでしょう。相手を無条件に愛し、認める心。それが私たち誰しもの中にある、包み込むという女性性です。

もしもあなたが、失敗をしたり、落ち込んだりした時に、誰かがこの大きな手のように、優しく包み込んでくれたとしたら、どれだけ励まされることでしょう。「あなたなら大丈夫」と言われたら、どれだけ救われることでしょう。私たちが自分の人生を振り返る時、そういう存在が1人でもいてくれたなら、本当に幸せなことです。それだけで一生分の愛情をもらい、生きていけるような気持ちになるかもしれません。前を向くことができ、もっとがんばろうと思うことができるでしょう。包み込むという女性性は、正に私たちが生きる上で欠かせない力です。

大人になると、私たちは、包み込む大きな手となります。誰かを包み込み、見守る存在となります。少なくとも、それを期待され、求められることが増えてゆきます。もちろん、そのことに歓びを感じることもありますが、私たちの多くは、大人になっても、自分自身が包み込まれたいと思うことが往々にしてあるものです。日々の葛藤、対立、失敗など、様々なことが降りかかる中、いつも自分が大きな手になり続けることは、難しいからです。

私たちが本当に呼び覚ますべき女性性は、自分を包み込む心です。日々の自分のがんばりを認める心です。もっと言うならば、何かをしたからという条件付きではなく、自分という存在そのものを認めてあげる心です。包み込む女性性は、気づく、気づかないに関わらず、私たちの価値を一番よく知り、私たちを包み込んでいます。その存在に気づき、その声に耳を澄まし、包み込まれる自分を許すこと。それが、結局は、周りへの優しさにつながるのだと、この女性性は伝えてくれているのです。

あなたは、無条件に愛されるべき唯一無二の存在です。

私たちの成長の過程には、包み込まれる体験に加え、時には何かに挑戦することも必要です。この人は、傍から見るとそれは無理だ

ろう、と思うような岩を今まさに登ろうとしています。命綱があるとはいえ、危険と背中合わせの挑戦をしようとしています。これまでの人生で、あなたがこの人のように、リスクを承知でした挑戦は何でしょう。その時、何があなたの背中を押してくれたのですか。

私たちが成長する道を歩んでいるのだとすると、人生の節目で、ストレッチした目標が必要となります。定年後に初めて芝居に挑戦して舞台に立つ。学生でありながら会社を設立する。経験したことのない部門のトップになる。挑戦は様々です。そして、それが自分にとって正しい道だとしたら、ワクワク感、高揚感を味わうことでしょう。その挑戦によって若返ったり、たくましくなったりと、得られることも多いはずです。

しかし、私たちは、この男性性に抵抗を示すことがあります。今のままのほうが心地よいと感じるからです。また、恐れもあるでしょう。失敗して誰かに批判されるかもしれない。恥をかくかもしれない。大事な人やものを失うかもしれない。抵抗の声が心の中で何度もこだますることもあります。そんな時、この男性性は立ち上がるのです。あなたがあきらめたとしても、やりなさいと言わんばかりに誰かを通して再びチャンスを運んでくるかもしれません。何らかのアクシデントをもたらして、挑戦せざるを得ない状況をつくるかもしれません。挑戦するという男性性は、挑戦しない代償があなたにとって、周囲にとって、あまりにも大きいことを知っているのです。挑戦する男性性は、「あなたはもっとできるはず」と私たちを励まし、時に優しく、時に厳しく背中を押すのです。

あなたは、不可能を可能にするチャレンジャーです。

◆ツイン・エネルギーとしての働き

包み込み、挑戦する。このツイン・エネルギーは、私たちを無条件に愛し、更に力を発揮することを心から願ってくれる、まるで心の中にいる両親のような存在です。この2つが協力すると、私たちはどんなに落ち込むことがあっても、再び立ち直り、チャレンジできる気持ちになるのです。このツイン・エネルギーを発動させることで、私たちは愛情を受け取りながら物事にチャレンジすることができます。そして他の人にも同じように関わることを、このツイン・エネルギーは励ましているのです。

◆ふきえの物語

ふきえは、昨年長く勤めた企業を定年退職しました。「ゆっくり休んでね。これからは自分のために人生楽しんでね」。そうたくさんの人に言われたふきえでしたが、内心は、まだ私にはやることがある、誰かの役に立ちたい、そう思っていました。何をやるのか、自問自答していたふきえでしたが、昔からやりたかったことを思い出します。そう、それは、自宅で子供たちに温かいご飯を提供することです。豊かになった日本だけれど、子供たちの貧困、犯罪、虐待、いじめの問題は、依然として無くなっていない。そして、その根っこに、子供たちがちゃんとした食事ができていないという問題が潜んでいるのではないか。本当においしいご飯は、人の心を癒すものだし、力を与える。料理にすこぶる自信のあったふきえは、これなら自分ができるし、やってみたい、そう思ったのです。その背景に、ふきえ自身も、幼い頃に貧しい家庭で育ち、十分に食事ができなかった痛みがありました。同じように苦しんでいる子供たちを支えたい、ふきえはそう思い、決意したのです。早速仲間を集い、NPOを立ち上げ、自宅を整えて活動に乗り出します。ささやかな活動でしたが、これこそ私がやりたかったこと、そうふきえは思ったのです。同時に、子供たちに関わることは思った以上に大変でした。様々な家庭環境を抱える子供たちの多くは、すぐにふきえに心を開くことはありませんでした。それどころか、時にふきえに暴言をはいたり、ウソをついたりしたのです。おいしい食事を与えて子供たちを元気づけること。それを願って始めた活動でしたが、1人の人間として子供たちとしっかり向き合うことも付録のようについてきたのです。そんな中、一緒にNPOを立ち上げた仲間たちは、子供たちの行動を正そうと、優しいふきえに代わって厳しく指導するようになってゆきます。暴言を吐く子供には、もう一度そんな言葉づかいをしたら出入り禁止だと、こんこんと言い聞かせるのでした。ミーティングで仲間たちは言いました。悪いことは悪いってちゃんと教えないと。厳しく言って正さなきゃ。誰もが子供たちを思い、発言し、行動していましたが、ふきえは、なんとも言えない気持ちになっていました。そうかもしれない、きっとそれが正しい答え、だけど……。仲間の強い思いに押されて、ふきえは自分の気持ちを整理することができず、悶々とする日々を送っていたのです。そんなある日、事件が起こります。

ある子供が他の子供の文房具を盗んだのです。子供同士の小さな揉め事と言えばそれまでかもしれませんが、ＮＰＯの仲間は、このことを赦しませんでした。これまで以上に厳しい口調でその子供を叱ったのです。大きな声が響く中、当の子供は、反抗的な表情で顔を背けるだけだったのです。気がつくと、ふきえは衝動的に立ち上がり、子供に近づき言っていました。話は後でゆっくり聞くから、今はとにかく食べなさいと。約束通り、ふきえは、食後に子供と2人だけの静かな時間をもちます。ふきえには何を言うか、何のプランもありません。ただ、この子の話を聞きたい、そしてできることならば抱きしめたい、そう思っていたのです。なぜなら幼い時の自分と重ね合わせて子供を見ていたからです。貧しさからくる苦しさは尋常ではありません。悪事を働かなければならないほど事態は深刻なのです。自分の体験からふきえは知っていました。そんな自分を誰かがわかってくれ、抱きしめてくれたら、どれほど救われることかと。そういう安心感を味わって初めて、行動も正そうと思えるのではないかと。この時ばかりはと、ふきえは、あふれる思いを伝え、子供との時間を過ごしたのです。そして、最後に、ずっと言いたかったことを伝えます。その子供が本当はどれだけ優しい子であるかを。対話を経て、子供はふきえに以前より心を開いてくれたように感じられました。不思議なことに、ふきえ自身も、何か重い荷物を降ろせたような気持ちを味わっていたのです。心の中にいた幼かった頃の自分が癒されたように感じたからです。この日を境にふきえは変わりました。子供たちにもっとストレートに感じていることを伝えるようになったのです。そのままで大丈夫だということも、時にはもっとできるはずだと叱咤激励することも。そして、おいしい食事で子供たちを元気づけるという夢に向かって、更に邁進したのです。例の子供はといえば、あれ以来、困ったことがあればふきえに何でも相談するようになっていました。

包み込み挑戦すること。このツイン・エネルギーのバランスが崩れると、私たちは様々な影響を受けます。無条件に愛されて包み込まれるような感覚を全く経験することがなく、間違った行動をただ正されるばかりに終わると、寂しさから反抗的になってしまうかもしれません。逆に、何でも受け入れられて挑戦することが全くないと、やる気がなくなったり、成長が削がれたりします。このツイン・エネルギーは、包み込まれることと挑戦すること、その両方が私たちに必要であることを伝えています。２つのバランスがあることで、私たちは安心感をもって一回りも二回りも成長することが可能になるのです。

◆ツイン・エネルギー⑯の問い

▼あなたが誰かの成長を支援したいと思っているのに、うまくいっていないとしたら、自分に意識を向けてみてください。どんな自分に気づきますか。自分の何を変えると良いでしょう。

▼あなたの周りに失敗をして落ち込んでいる人がいるとしたら、その人が無条件に価

値があると思える要素を考えてみてください。タイミングがきたら相手に伝えてみましょう。

▼同じ相手に対して、新たに挑戦してほしいことはどんなことでしょう。なんといって背中を押したいですか。

▼右記の2つのことを自分に対してもやってみましょう。実際に心の中で自分に伝えてみてください。どんなことを感じますか。

▼自分が今、一番挑戦してみたいことについて、それができる理由をできる限り挙げてみてください。

▼あることについて、本当はやってみたいけれど挑戦できない、と思っているとしたら、何があなたを止めていますか？　それを吹き飛ばす行動を1つ考え、1週間以内にやってみましょう。

ツイン・エネルギーが伝えるメッセージ

これまで女性性と男性性というツイン・エネルギーが、私たちの中に様々な形をもって存在していることをお伝えしてきました。また、そのバランスを整えることによって、本来の自分を生きることができる可能性をご紹介してきました。このプロセスは、自分の中の「自然の秩序を取り戻す」ような体験であるため、結果として、人との関係性やリーダーシップという領域において、より自分らしい影響を周囲に与えるようになることもお伝えしてきました。

更に大きな視点にたってみると、ツイン・エネルギーは、あるメッセージを私たちに伝えているように思います。それは、社会に存在する「2つのうち、こちらのほうが望ましい」という考え方に、その良し悪しを問いかけるものです。例えば、性別です。男性主体の社会を変えるために、私たちの多くは女性活躍推進を掲げ、女性のリーダーシップを応援してきました。大切な人選をするのであれば、今は女性のほうが望ましい、と考える傾向に私たちはあります。しかし、実際、社会で活躍する女性と丁寧に対話をしてみると、男性性に偏り、苦しんでいる方が非常に多いものです。逆に、男性の中に、豊かな女性性を持ち、もっと前面に立って周囲をリードすることが求められている人が、実にたくさんいらっしゃいます。重要な人選をする際、性別のみならず、ツイン・エネルギーという視点に立って検討してみることも役立つはずです。究極的には、性別を問わず、私たちは自分のツイン・エネルギーというバランスを見直し、2つの調和を取り戻すことで、自分らしい生き方・働き方をすることが応援されているのです。

また、女性性と男性性のどちらが望ましいという考え方も、このツイン・エネルギーが伝えることではありません。この2つは、補完関係にあり、両方の調和がとれることによって力を発揮してゆきます。これまで私たちの社会は、どちらかというと、男性性に重きをおいてきたと言えるかもしれません。組織においては、行動し、成果をあげ、周囲を導くことが賞賛されてきました。そのため今後は、バランスという観点で、女性性が求められることが増えてゆくと思われます。しかし、これは、女性性のほうが良いということではないことを、私たちは心に留める必要があります。本書でお伝えしてきた、男性性が本来もつ素晴らしさ、すなわち、周囲を守るために立ち向かい、次へと挑戦し、強く導くことは、引き続き、私たちに必要な要素です。女性性と男性性——この調和によって、私たちが成長し、全体として次の次元へと進化すること。それこそがツイン・エネルギーが支援していることなのです。

ツイン・エネルギーが伝えるもう1つのメッセージ。それは、私たちはツイン・エネルギー16すべてについてバランスをとろうとする必要はない、ということです。私たちはそれぞれ個性があり、特定の女性性あるいは男性性がとびぬけて得意なはずです。本書の意図は、その強みを弱めて、すべてのツイン・エネルギーのバランスをとり、平均的な人間になろうとすることではありません。むしろ、今の自分の強みは、これまでの自分の拠り所であったはずで、それを揺るがぬ自信とすることは大切ではないかと考えます。その上で、今の自分の幅を広げてくれ、成長を加速させてくれるツイン・エネルギーを1つか2つ選び、それらのバランスを整えることに専念することをお勧めしたいと思います。そのことによって、これまでの自分ではできなかったことができたり、新しいものが生み出されたりすることが支援されるはずです。

更にツイン・エネルギーが伝えること――それは、「違いと調和する」ということの大切さです。女性性と男性性は、一見、相反する特質をもっています。そうした異なる2つのものが互いに補完関係であるという意識をもつことは、違いを避けたり、批判したり、排除したりすることが多い今の時代に、大切な1つの指針となり得るのではないかと思います。なぜなら、異なるものとの調和を体験することで、私たちは、成長したり、変容したり、新しいものが手に入ったりと、得られることがたくさんあるのですから。違いとどう共生していくか、という難しいテーマについて、ツイン・エネルギーは大事なレッスンを伝えてくれているようにも思います。

想像してみてください。より自然体で、自分らしく生き、働くこと。それがもともと自分に備わったあり方で、日常にいつもあるとしたら、どのような気持ちで日々過ごすことができるでしょう。自分の中心には愛情と信頼があり、自分を思い切り表現し、何があっても立ち向かう強さを本来自分がもっているとしたら、何が可能になりますか。そして、自分とは異なる人々について、どちらにも価値があり、調和することを選ぶオプションがあるとしたら、どんな道が開かれるのでしょうか。私たちの中のツイン・エネルギーは、こうした可能性を伝え、励ましてくれているのです。新しい時代にある私たちは、2つのバランスを整えることによって、自分らしく生き、働き、そして違いを価値に変えてゆくことを後押しされているのではないでしょうか。

あとがき

本書を書くにあたり、たくさんの方に支援していただいたことを、今改めて実感しています。まず、私がこれまで出逢ったコーチングのクライアントの方々、ツイン・エネルギーをベースとした各種プログラムの受講生の皆さんには、心から感謝をお伝えしたいと思っています。お一人ひとりの成長を支援する機会をいただけたからこそ、ツイン・エネルギーの本質とそれがどのように機能するのかを学ぶことができたと思っています。

遡ると、2000年に私とコーチングをつないでくれた増田弥生さんには、感謝してもしきれません。当時、人事コンサルタントだった私のお客さまとして出逢った増田さん。私の性質をすぐに見抜き、コーチングを強く勧めてくれたことが、私の人生を変え、ひいてはツイン・エネルギーと出逢うきっかけをつくってくれたと思っています。また、エハマ研究所の創設者、ウィンドイーグルにも心からお礼を伝えたいと思っています。女性性と男性性というコンセプトについて、その大切さを共に語り合えたこと、また、ツイン・エネルギー16の情報をまとめる上で貴重なアドバイスをいただけたことに感謝しています。

ツイン・エネルギーについて本を書くことを勧めてくださった本間正人先生には、深くお礼を申し上げたいと思っています。本間先生の励ましは、本を書くことなど全く考えていなかった私の心に、一筋の光をさすような贈り物でした。また、墨絵アーティストの上田みゆきさんとの出逢いがなければ、本書をこのような形に仕上げるに至らなかったと思っています。ツイン・エネルギー一つひとつに、墨絵アートを通じて魂を吹き込んでくださったことに心から感謝しています。

西井多栄子さん、福島やよいさんには、ツイン・エネルギー16を各種プログラムに展開する上で、様々なフィードバックを提供してもらい、支援していただきました。お2人には感謝の気持ちでいっぱいです。そして、株式会社幻冬舎メディアコンサルティングから本を出版させていただくにあたっては、編集部の浅井様、そして、初めに書評をいただき励ましてくださった田中様に大変お世話になりました。心からお礼申し上げます。

［著者紹介］
関 京子（せき きょうこ）

（株）Deep Harmony代表。環太平洋大学客員教授。日本の大手電機メーカーで海外人事に従事した後、渡米。サンフランシスコ州立大学大学院で異文化間コミュニケーションを学ぶ。後に人事コンサルタントを経て、コーチングに出逢う。以降、コーチ養成機関CTIジャパンにおいて延べ約2000人のコーチ育成に尽力する。現在は、女性性・男性性のツイン・エネルギー™という概念をベースに、個人および組織の成長・変容を支援する。また「分断をつながりへ」と願い、任意団体Healing Between Worlds™を共同創設し、世界各国でプログラムを展開している。

ツイン・エネルギー™ 静《せい》と動《どう》のバランスを整《ととの》える16の考《かんが》え方《かた》
2021年9月1日　第1刷発行

著　者　関京子
発行人　久保田貴幸

発行元　株式会社 幻冬舎メディアコンサルティング
〒151-0051　東京都渋谷区千駄ヶ谷4-9-7
電話　03-5411-6440（編集）

発売元　株式会社 幻冬舎
〒151-0051　東京都渋谷区千駄ヶ谷4-9-7
電話　03-5411-6222（営業）

印刷・製本　中央精版印刷株式会社
装　丁　菅野南

検印廃止

ISBN 978-4-344-93580-8 C0095
幻冬舎メディアコンサルティング HP
http://www.gentosha-mc.com/